BUNGA RAMPAI FILSAFAT ISLAM
Dari Peripatetik hingga Iluminasi

Aisyah, dkk

GRAFLIT

BUNGA RAMPAI FILSAFAT ISLAM
Dari Peripatetik hingga Iluminasi
Penulis
Aisyah, dkk

QRCBN
62-688-5561-124

Editor
Dr. Rifqi Khairul Anam, M.Si

Penyunting
Dr. Rifqi Khairul Anam, M.Si

Desain Sampul dan Tata Letak
Rifqi Khairul Anam

Penerbit

Graflit Anagraf Indonesia
Penerbitan dan Penulisan
Palem Merah, J2/06, Tangerang, Banten
@graflit.id
www.graflitin.com
081-317-450-195
IKAPI: No.082/BANTEN/2025

Cetakan pertama, Desember 2025

KATA PENGANTAR

Filsafat itu sejatinya ruang dialog paling jujur antara akal, wahyu, dan hati nurani manusia. Tanpa filsafat, hukum seakan kering, tanpa filsafat, agama berisiko membeku dalam formalitas, dan tanpa filsafat, peradaban kehilangan daya refleksinya.

Buku bunga rampai yang ada di tangan pembaca ini lahir bukan sekadar kumpulan tulisan akademik mahasiswa, melainkan jejak keberanian intelektual generasi muda untuk memasuki wilayah pemikiran yang sering dianggap "*berat*" dan "*tak berujung*", namun sesungguhnya sangat menentukan arah cara kita memahami Tuhan, manusia, hukum, dan kehidupan itu sendiri secara vertikal atau horizontal.

Sebagai seorang yang bergelut lama di bidang hukum Islam, saya memandang filsafat Islam bukan sebagai disiplin pinggiran, tetapi sebagai fondasi epistemologis bagi fiqh, ushul fiqh, dan seluruh bangunan normatif Islam. Maka, membaca Ibnu Sina, Al-Ghazali, Suhrawardi, hingga Mulla Sadra sesungguhnya adalah membaca akar-akar cara kita bernalar dalam beragama dan berhukum.

Keunikan buku ini terletak pada keberaniannya merangkum lintasan besar filsafat Islam dari rasionalisme *Peripatetik*, kritik teologis Al-Ghazali, hingga kedalaman *illuminatif* ataupun *'Irfan* dalam satu tarikan napas akademik. Pembaca diajak menyadari bahwa filsafat Islam bukan *monolit*, melainkan suatu orkestra pemikiran yang mana kadang rasional, kadang spiritual, kadang kritis, bahkan kadang paradoksal namun ketika dilihat lebih dalam justru di sanalah keunikan dan keindahannya.

Dalam dunia akademik yang semakin terjebak pada angka sitasi dan formalitas metodologis, buku ini mengingatkan kita pada sesuatu yang lebih esensial bahwa ilmu pengetahuan adalah upaya memaknai keberadaan, bukan sekadar memenuhi kewajiban kurikulum. Di sinilah letak nilai holistik buku ini ia menyentuh akal, etika, dan spiritualitas sekaligus. Dalam konteks ini, karya-karya dalam buku ini patut dibaca sebagai *proses intelektual*, bukan sekadar produk akhir. Ia adalah latihan berpikir, menalar, dan yang paling penting merenung.

Akhir kata, saya sampaikan apresiasi yang hangat dan tulus kepada para mahasiswa penulis, editor, dan seluruh pihak yang terlibat. Semoga buku ini tidak hanya dibaca, tetapi juga diperdebatkan, dikritisi, dan dikembangkan. Sebab filsafat yang tidak diperdebatkan ibarat sebuah monumen, bukan tradisi hidup.

Selamat membaca dan memasuki lorong-lorong pemikiran Islam.
Di sanalah akal diuji, Iman dimatangkan, dan kebijaksanaan dirawat.

(Reza Hilmy Luayyin, M.H.)

PRAKATA EDITOR

Bismillahirrahmanirrahim,

Sejarah pemikiran manusia mencatat bahwa Islam pernah menjadi mercusuar peradaban ketika Barat masih tertidur dalam kegelapan Abad Pertengahan. Di masa itu, filsafat bukan sekadar disiplin ilmu yang kering, melainkan denyut nadi yang menghidupkan sains, kedokteran, mistisisme, dan tata negara. Para filsuf Muslim tidak hanya menerjemahkan warisan Yunani, tetapi juga melakukan sintesis kreatif yang melahirkan paradigma baru: sebuah jembatan emas antara wahyu dan akal, antara teks suci dan realitas semesta.

Buku *Bunga Rampai* yang ada di tangan pembaca ini adalah upaya sederhana dari para mahasiswa untuk menelusuri kembali jejak-jejak raksasa intelektual tersebut. Kehadiran buku ini didorong oleh semangat kurikulum *Outcome-Based Education* (OBE), di mana mahasiswa didorong untuk tidak sekadar menjadi konsumen pengetahuan, tetapi juga produsen gagasan yang mampu memetakan sejarah pemikiran Islam secara sistematis.

Pembahasan dalam buku ini disusun secara kronologis untuk memudahkan pembaca memahami evolusi pemikiran Islam. Kita diajak menyelami era Peripatetik (*Masysya'iyah*) melalui kecemerlangan Ibnu Sina (Avicenna) yang mendudukkan jiwa dan akal pada posisi terhormat, serta Ibnu Rusyd (Averroes) sang pembela rasionalitas yang gagasannya kelak memicu pencerahan di Eropa. Di sisi lain, kita juga disuguhi dialektika teologis dari Al-Ghazali, sang *Hujjatul Islam*, yang kritiknya terhadap filsafat justru memperkaya khazanah diskursus Islam.

Lebih jauh, buku ini juga mengangkat tradisi Iluminasi (*Ishraqiyyah*) dan Gnosis (*Irfan*) yang sering kali luput dari perhatian. Pembaca akan diperkenalkan pada sosok Suhrawardi al-Maqtul yang menggabungkan rasionalitas dengan cahaya mistik Timur, serta Ibnu 'Arabi dengan konsep *Wahdat al-Wujud* dan *Insan Kamil*-nya yang mendalam. Tak ketinggalan, sintesis agung dari Mulla Sadra melalui *Hikmah Muta'aliyah* dan kontribusi saintifik Nashiruddin Al-Tusi yang membuktikan bahwa iman dan sains dapat berjalan beriringan.

Tentu saja, sebagai karya pemula, tulisan-tulisan dalam antologi ini tidak lepas dari keterbatasan. Namun, semangat para penulis untuk bergulat dengan teks dan menyajikannya kembali dalam bahasa yang lebih populer patut diapresiasi. Buku ini adalah bukti bahwa api pemikiran Islam tidak pernah benar-benar padam; ia hanya menunggu untuk dinyalakan kembali oleh generasi baru.

Semoga himpunan tulisan ini dapat menjadi pintu gerbang bagi para peminat filsafat, mahasiswa, dan masyarakat umum untuk mengenal kekayaan warisan intelektual Islam yang tak ternilai harganya.

Selamat membaca dan merenung.

Probolinggo, 2025

Rifqi Khairul Anam

Editor

FILSAFAT JIWA MENURUT IBNU SINA

BAB I
PENDAHULUAN

1.1 LATAR BELAKANG

Tidak dapat dipungkiri bahwa kejayaan hebat filsafat islam dahulu telah banyak mempengaruhi perkembangan filsafat barat singga saat ini. Penuan dan perkembangan pemikiran pengetahuan islam membawa perubahan besar dalam tatran sosial kemasyarakatan hingga teknologi. Kendati demikian tak juga dapat dipungkiri bahwa kesuksesan peradaban islam yang mempengaruhi kemajuan zaman ini juga merupakan telaah keras dan penerjemahan karya dari pemikiran Yunani.

Jhon freely didalam tulisannya *Light rom The East-How Islamic Science Helped Shape the West Wolrd* (Cahaya dari timur, peran ilmuan muslim dalam membentuk dunia barat) didalam bab ke-7 dari bukunya ini menceritakan tentang salah satu tokoh filsafat Islam yang telah berhasil merumuskan pemikirannya secara sistematis, lengkapp dan terpetinci dalam satu gugusan filsafat yang digunakan hingga sekarang.

Ibnu Sina atau disebut sebagai Avicenna dalam dunia barat ini banyak membicarakan tentang filsafat metafisika, fisika, teori emanasi, ketuhanan, filsafat kenabian, dan juga membicarakan tentang jiwa. Yng kesemun dari pemikirannya telah membawa pengaruh tidakhanya bagi pemikir muslim, tetapi juga bagi pemikir barat.

Pengaruh ini muncul bukan hanya karena sistem berfikir filosofis ibnu sina yang baik, namun juga karena sistem ini memberikan gambaran nyata dan asli. Didalam makalah ini akan dibahas mengenai pemikiran Ibnu Sina tentang Jiwa. Meliputi dalil-dalil tentang keberadaan jiwa, hakikat jiwa, dan daya jiw

1.2 RUMUSAN MASALAH

Berdasarkan latar belakang diatas, maka masalah yang dapat dirumuskan adalah;

1. Apa-apa saja dalil tentang jiwa menurut Ibnu Sina?
2. Bagaimana hakikat jiwa menurut Ibnu Sina?
3. Dan banagai mana daya jiwa menurut ibnu Sina?

1.3 TUJUAN

Berdasarkan rumusan masalah diatas, maka tujuan dibuatnya makalah ini adalah;

1. Mengetahui apa-apa saja dalil tentang jiwa menurut Ibnu Sina
2. Memahami hakikat jiwa menurut Ibnu Sina
3. Memahani daya jiwa menurut Ibnu Sina

1.4 MANFAAT

Di dalam makalah ini akan di jelaskan pemikiran jiwa dalam pandangan Ibnu Sina secara diskriptif melalui berbagai sumber sekunder. Oleh karena itu makalah ini sangat membantu mahasiswa dalam memahami bagaigai mana pandangan Ibnu Sina terkhusus tentag Jiwa. Terutama bagi Mahasiswa Prodi Ilmu Aqidah Fakultas Ushuluddin dan Filsafat Islam Unversitas Islam Negeri Ar-raniry Banda Aceh.

BAB II

PEMBAHASAN

2.2 BIOGRAFI SINGKAT IBNU SINA

Ibnu Sina memiliki nama lengkap Abu Ali al-husain Ibn Abdullah Ibn Ali Ibn Sina atau yang sering di sebut sebagai *Avicenna.* Ia lahir pda thun 980 M yakni ketika dimana kekhalifahan Abbasyiah mengalami kemunduran. Dimana daerah-daerah yang berada di bawah kekuasaannya mulai melepaskan diri satu persatu. Kota Baghdad sebagai Ibu Kota kerajaan dikuasai oleh golongan Banu Buwaih.

Menurut otobiografi yang didektenya kemuridnya yang bernama Abu Úbayd l-juzjani Ibnu Sina lahir di dekat Bukhara, yang sekarang dikenal sebagai Uzbekistn. Ditulisya "Disaat aku mencapai usia 10 tahun, aku sudah khatam Al-qurán dan sudah membaca banyak karya-karya sastra yang membuat diriku kagum". Menurut berbagai sumber, ketertarikan Ibnu Sina terhadap Filsafat sudah mulai ada sejak ayahnya memberikannya kepada seorang guru filsafat bernama Abu-Abdallah an Natili yang juga seorang filsuf. [1]

Profesi dan keahliannya dibidang kedokteran dimulai sejak umur 17 tahun, kepopulerannya sebagai dokter bermula ketika ia berhasil menyembuhkan Nuh bin Mansur, seorang penguasa Dinasti Samaniah. Kebesaran nama Ibn Sina terlihat dari beberapa gelar yang diberikan orang kepadanya, seperti *asy-Syaikh ar-Ra'is* (Guru Para Raja) di bidang filsafat dan Pangeran Para Dokter di bidang kedokteran. Dia banyak meninggalkan karya tulis, semuanya tidak kurang dari 267 buah, termasuk buku saku dan kumpulan suratnya, kebanyakan berbahasa Arab, selainnya berbahasa Persia.[2]

---

[1] Jhon Freely, *Cahaya Dari Timur; Peran Ilmuwan dan Sains Islam Dalam Membentuk Dunia Barat*, (Jakarta: Gramedia, 2011), hlm:145.

[2] Van Hoeve, *Ensiklopedi Islam*, (Jakarta:PT.Ichtiar Baru Van Hoeve, Jilid.2, 2003), hlm:167.

Pada akhir hayatnya ia menjadi guru filsafat dan dokter di Isfahan dan meninggal di Hamadzan pada 428 H (1037 M) dalam usia 58 tahun. Ibnu Sina tidak pernah mengalami ketenangan, dan usianyapun tidak panjang. Kebanyakan hidupnya menurut beberapa sumber dpenuhi oleh kesibukan-kesibukan politik. Kendati demikian, ia juga telah banyak mengarang tulisan.[3]

A. Pengertian Jiwa Secara Umum

Di dalam Kamus Bahasa Indonesia disebutkan bahwa jiwa adalah roh yang ada di kehidupan batin manusia, atau keseutuhan yang terjadi dari perasaan batin, pikiran, angan-angan, dan sebagainya.[4] Didalam bahasa Arab, jiwa diartikan sebagai *Nafs* , yang didlam alquran merupakan salah satu *lafadz musytaraq* (lafadz yang memiliki banyak makna).[5]

An-Nafs menunjukkan arti keluarnya angin lembut bagaimanapun adanya. *Al-nafs* juga diartikan darah, karena seseorang apabila kehilangan darah maka ia kehilangan jiwanya, atau hati (*qalb*) dan sanubari yang padanya ada rahasia yang tersembunyi. Juga berarti ruh. Dalam *al-Mu'jam al-Falsafi*, kata *al- nafs* diartikan dengan merujuk kepada tiga versi pendapat; Aristoteles, dengan permulaan kehidupan (*vegetative*), Kelompok Spiritual (*al-ruhiyyun*) mengartikannya sebagai *jauharruhi* (substansi ruh), dan Des Cartes mengartikan sebagai *jauhar mufakkir* (substansi berfikir).[6]

Berdasarkan uraian di atas dapat dipahami bahwasanya jiwa kadangkala diartikan sebagai sesuatu yang berbentuk fisik yang materil melekat pada diri manusia, tampak dan tidak tersembunyi, tetapi pada waktu lain ia mengandung

---

[3] Atang Abdul Hakim dan Ahmad Saebani, *filsafat Umum: Dari Mitologi Sampai Teofilosofi*, (Bandung: Pustaka Setia, 2008), hlm:499.

[4] Hoetomo, *Kamus Lengkap Bahasa Indonesia*, (Surabaya: Mitra Pelajar, 2005), hlm:223.

[5] Syah Reza, *Konsep Jiwa dalam Pandangan Ibnu Sina*, (Pasca Sarjana ISID Gontor- Ponorogo). https://pengemishikmah.wordpress.com/2011/07/31/konsep-jiwa-dalam-pandangan- ibn-sina/. Diunduh pada 04/11/2016. Hlm: 2.

[6] Kamaruddin, *Pemikiran Islam Tentang Jiwa Dalam Filsafat Islam*, (Jurnal Al Hikmah Vol. XV Nomor 2/2014), hlm: 10.

arti sebagai sesuatu yang berbentuk non-materil, yang mengalir pada diri fisik manusia sebagai *jauhar* (substansi), substansi ruh ataupun substansi berfikir.[7]

B. Dalil Tentang Jiwa

Sebagai mana Alfarabi dan Aristoteles, Ibnu Sina yang Sebagaian Besar pemikirannya berasal dari kedua tokoh ini juga mengatakan hal yang sama, yakni Manusia terdiri dari dua unsur. Jiwa dan Jasad. Kedua hal ini yang kemudia membentuk manusia. Unsur jasad dengan segala aktifitasnya merupakan alat bagi jiwa dalam melakukan aktifitasnya. Dari itu, jiwa berbeda secara hakiki dengan jasad yang selalu berubah, berganti, sehingga iya menjadi fana ketika sesudah ditinggal oleh jiwa.[8]

Jiwa memiliki fungsi dan keberadaan yang lebih dahulu ada dari jasad, artinya, keberadaan jiwa lebih dahulu ada dari pada jasad. Juga memiliki fungsi yang lebih dari pada jasad. Jika jasad hanya sebagai media dan fana, maka jiwa menjadi eksekutor bagi jasad. sebagai mana di jelaskan sebagai berikut bahwa "badan/ jasad itu selalu berubah secara fisik. Tetapi jiwa ada sebelum badan/jasad itu ada dan berubah".[9] Dengan demikian, Hakikat Manusia adalah jiwa, Sehingga Perhatian para filosof Islam banyak terpusat pada pembahasan tentang jiwa daripada jasad dalam membahas masalah manusia.

Bagi Ibnu Sina, Perlu adanya pembuktian bahwa jiwa itu benar adanya. Oleh karena jiwa itu bersifat immateril, perlu adanya pembuktian. Oleh karena itu dalam pembuktiannya tentang jiwa, Ibnu Sina menggunakan beberapa Argumen untuk membuktikan bahwa jiwa itu ada. Aragumen-argumennya yakni; 1. Argumen psikofisik, 2. Argumen "aku" dan kesatuan fenomena psikologis, 3. Argumen kontinuitas, 4. Argumen manusia terbang diudara.[10]

---

[7] *Ibid*, hlm:10.

[8] Ahmad Daudy, *Kuliah Filsafat Islam*, (jakarta: Bulan Bintang, 1992), hlm:78.

[9]Dedi Supriyadi, *Pengantar Filsafat Islam (Konsep, Filsuf, dan Ajarannya)*, (Bandung:Pustaka Setia, Cet-1, 2009), hlm:138.

[10] Ahmad Baharuddin, *Ibnu Sina dan Pemikiran Teori Emanasi*, (Jurnal Abadiyah Vol. 15 No. 1, 2015).hlm: 207.

Didalam pembuktian menggunakan Argumen Psikofisik (didalam Sumber lain disebut sebagai dalil Alami/ *Al-Thabi'iy*)[11], Ibnu Sina mengatakan bahwa gerak dibagi menjadi dua macam. Yaitu gerak terpaksa (gerak yang terjadi karena bukan kehendaknya) dan gerak tidak terpaksa (perkara yang bergerak menurut tabiatnya)[12]. Gerak terpaksa menurut Ibnu Sina adalah gerak yang terjadi karena ada unsur dari luar yang mempengaruhui gerak tersebut. Gerak yang tidak terpaksa adalah gerak yang terjadi dengan sendirinya atau sesuai dengan hukum alam. Batuh jatuh kebawah. Namun ada juga yang melawan hukum alam, seperti manusia yang berjalan di bumi. Menurut hukum alam, manusia harusnya diam dan tidak bergerak dibumi, karena memiliki berat badan sama seperti benda padat. Gerak manusia yang menentang hukum alam ini tentu ada penggerak diluar unsur tubuh itu sendiri. Ini lah yang dinamakan jiwa oleh Ibnu Sina.[13]

Didalam pembuktian menggunakan argumen "aku" dan kesatuan fenomena psikologis, Ibnu Sina mengatakan. Aku sebagai jiwa dan badan sebagai alat. Ketika seseorang mengatakan aku mau tidur, maka aku sebagai jiwa akan menggerakkan tubuh sebagai alat. Artinya tidur adalah kehendak aku yang menginginkan.[14] Aku, juga merasakan benci-cinta, susah-gembira, menolak- menerima, dan lain sebagainya menghasilkan fenomena psokologis. Fenomena psikologis seperti ini pada hakikatnya merupakan satu kesatuan yakni jiwa. Bila fenomena psikologis mengharuskan adanya kesatuan, tentu tak bisa dielakkan bahwa jiwa itu ada.

Selanjutnya didalam pembuktian menggunakan argumen kontinuitas atau didalam sumberlain dikatakan sebagai dalil kelangsungan (*Al-istimrar*)[15], Ibnu Sina mengatakan, hidup rohaniah kita hari ini berhubungan dengan hari kemarin tanpa ada tidur atau kekosongan. Cara membuktikannya adalah bahwa manusia memiliki daya ingat tentang hari-hari kemarin atau hari yang telah lampau.

---

[11] Ahmad Daudy, *Ibid*, hlm:80.

[12] Atang Abdul Hakim dan Ahmad Saebani, *Ibid*, hlm:502.

[13] Ahmad Burhanuddin,*Ibid*,hlm:207.

[14] *Op cit*, 208.

[15] Ahmad Daudy, *Ibid*, hlm:79.

Badan, jika tidak diberimakan, maka akan mengalami perubahan seperti penyusutan berat badan. Sedangkan jiwa, iya tetap berubah. Inilah yang membedakan antara jiwa dan dan badan.

Di dalam pembuktian argumen keempat tentang manusia terbang, ibnu sina mengatakan, andaikata orang yang secara organik yang sempurna berada di angkasa dalam keadaan mata tertutup tidak mengetahui apa-apa, tidak merasakan sentuhan apapun – termasuk dengan anggota badan sendiri – ia tetap yakin terhadap eksistensi dirinya. Dalam keadaan seperti itu jika ia menghayalkan adanya tangan atau anggota tubuh lainnya, maka ia tidak akan menghayalkan sebagai bagian atau syarat bagi eksistensi dirinya. Ini membuktikan bahwa wujud nafs /jiwa itu berbeda dengan, bahkan bukan jasad.[16]

Demikianlah dalil/argumen yang Ibnu Sina katakan untuk membuktikan bahwa jiwa itu adalah ada. Didalam sumberlain pembagian dan penaman argumen/ dalil jiwa memiliki banyak perbedaan pengistilahan, namun pada dasarnya semuanya membicarakan hal yang sama, hanya peristilahannya saja yang berbeda.

C. Hakikat Jiwa

Sebagai mana yang telah dijelaskan sebelumnya bahwa pandangan Ibnu Sina tentang jiwa agaknya sepakat dengan apa yang telah dikatakan Al-farabi bahwa jiwa adalah wujud rohaniyah yang imater (takberbentuk) yang berada dalam tubuh. Wujud imater yang yang tidak berada didalam tubuuh atau tidak langsung mengendalikan tubuh disebut dengan akal. Tetapi apa bila ia berada didalam tubuh dan mengen dalikan tubuh secara langsung disebut dengan jiwa.[17]

Mudahnya seperti ini, akal jika ia beraktifitas diluar tubuh, maka tetap manjadi akal, sedangkan jika akal beraktifitas didalam tubuh, maka itu menjadi

---

[16] Syah Reza, *Ibid*, hlm: 4

[7] Cyril Glasses, *Ensiklopedia Islam*, (Jakarta: PT. Raja Grafindo Persada, 1999), hlm:199.

jiwa. Dari sini dapat kita tarik suatu kesimpulan, bahwa jiwa menurut ibnu sini tidak lain dan tidak bukan adalah akal yang beraktifitas didalam tubuh. [18]

Jiwa manusia adalah wujud imater yang terdapat di dalam tubuh manusia, kendati tubuh dan jiwa adalah entitas yang berbeada satu sama lain. Jiwa itu, kata Ibnu Sina, diwujudkan setiap kali muncul tubuh yang siap dan sanggup menerimanya.[19] Jiwa itu yang menjadi sumber hidup dan sebab bergeraknya tubuh. Selanjutnya Ibnu Sina membagi jiwa kedalam tiga macam jiwa yang ada dibumi, yakni; 1. Jiwa tumbuh-tumbuhan (*Al-nafs An-nabatiyyah*), yang kemudian disebut sebagai jiwa nabati 2. Jiwa binatang (*Al-nafs Al-hawaniyyah*), yang kemudian disebut sebagai jiwa hewani, dan 3. Jiwa manusia (*Al-nafs Al- natiqah*) yang kemudian disebut sebagai jiwa insani.[20]

Semu kerja dan aktifitas baik yang bersifat nabati, hewani, maupun insani menurut Ibnu Sina berasal dari daya-daya yang berbeda dari jismi/ tubuh. Daya-daya ini disebut sebagai "kesempurnaan" karena dengannya tumbuhan dan hewan beralih dari wujudnya yang potensial menjadi aktual. Dengan demikian, iya mendefenisikan "jiwa sebagai kesempurnaan awal bagi jismi alami yang organis". Untuk selengkapnya ia mendefenisikan jiwa nabati, hewani, dan insani sebagai berikut:[21]

1. Jiwa nabati adalah kesempurnaan awal bagi jismi alami yang organis dari segi melahirkan, tumbuh, dan makan.
2. Jiwa hewani adalah kesempurnaan awal bagi jismi alami yang organis dari segi mengetahui yang parsial (*juz'iy*) dan bergerak dengan *iradah.*
3. Jiwa insani adalah kesempurnaan awal bagi jismi alami yang organis dari segi melakukan perbuatan yang ada dengan ikhtiar pikiran dan mengambil

---

[18] Miska Muhammad Amien, *Epistemologi Islam: Pengantar Filsafat Pengetahuan Islam*, (Jakarta: Universitas Indonesia (UI-Press), 2006), hlm:50.

[19] Cyril Glasses,*Ibid*, hlm:200.

[20] Abdullah Nur, *Ibnu Sina: Pemikiran Filsafatnya Tentang Al-Fayd, Al-Nafs, Al- nubuwah, dan Al wujud*, (Jurnal Hunafa, Vol. 6, No.1, April 2009), hlm:112.

[21] Ahmad Daudy, *Ibid*, hlm:80-8

kesimpulan (*Istinbath*) dengann nalar, dan dari segi mengetahui hal-hal yang menyeluruh (*Kulliy*). Tampaknya pendefenisian jiwa sebagai kesempurnaan jismi belum dapat memberikan kepada kita suatu pengertian hakikat jiwa. Ibnu Sina bermaksud meletakkan Jiwa sebagai sesuatu yang berbeda secara esensial dari jasad. sehingga iya mengatakan bahwa jiw adalah jauhar (Substansi) rohaniah yang berbeda dengan jasad. Ibnu sina mengemukakan dalil, pertama. Bahwa jiwa dapat mengetahui objek pemikiran dan ini tidak dapat dilakukan oleh jasad. Karena objek pemikiran terdapat didalam akal sehingga tidak mungkin ada pada jismi.

Kedua, jiwa dapat mengetahui hal-hal yang *Kulliy*, dan juga dzat tanpa alat, sedangkan indra yang terdapat pada jismi hanya dapat mengetahui hal-hal yang berada diluarnya, tidak dirinya. Ketiga, organ jasad/jismi jika digunakan secara keras/ berat berulang ulang akan menjadikannya letih. Contohnya jika telinga terus menerus diperdengarkan suara yang keras, maka pendengaran untuk suara yang kecil akan berkurang. Sedangkan akal dapat terus berfikir tentang masalah besar tanpa melemahkannya untuk memikirkan yang kecil. Keempat, badan akan mulai melemah jika melewati usia dewasa atau tua. Sedangkan daya jiwa akan lebih kuat pada usia dewasa.[22]

Demikianlah dalil-dalil yang digunakan Ibnu Sina tentang hakikat jiwa sebagai jauhar (substansi) rohani yang terdiri sediri dan akan kekal walau sudah terpisah oleh jasad.

D. Daya Jiwa

Sebelumnya telah dijelaskan bahwa Ibnu Sina telah membagi tiga jiwa yang ada dibumi menjadi tuga jiwa, yakni jiwa nabati, hewani, dan Insani. Masing masing jiwa memiliki beberapa daya. Dalam melaksanakan fungsinya jiwa menggunakan jasad sebagai alatnya pendapat mengenai daya jiwa ini diambil Ibnu Sina dari Aristoteles sebagai berikut:

---

[22] *Op cit*, hlm:82-83

1. **Jiwa Nabati**

Daya yang terdapat pada jiwa nabati terdiri dari tiga macam daya. Yakni daya makan, daya tumbuh, dan daya berkembang.[23] Daya makan yakni daya yang dapat menggantikan apa yang telah rusak tau hilag dari jasad. Daya tumbuh adalah daya yang menumbuhkan jismi/ tubuh pada yang sesuai dengannya dalam dimensi panjang, lebar dan dalam, agar dengannya menjadi sempurna pertumbuhannya. Terakhir adalah daya berkembang, yakni daya yg mengambil satu bagian yang petensial dari jismi dan mengembangkannya dalam jismi-jismi lain yang serupa dengan membuat dan mencampurkan sesuatu yang dengannya ia serupa dengan jismi secara aktual

2. **Jiwa Hewani**

Daya hewani terbagi menjadi dua macam, yakni daya gerak dan daya menangkap[24] (Di sumberlain dikatakan sebagai daya mengetahui[25]). Daya gerak ada dua bagian yaitu; Pertama, pengerak (gerak fisik) sebagai pemicu dan penggerak pelaku. Kedua, Daya tarik (hasrat) yaitu daya yang terbentuk di dalam khayalan suatu bentuk yang diinginkan atau yang tidak diinginkan, maka hal tersebut akan mendorongnya untuk menggerakkan. Pada Daya tarik (hasrat) ini terbagi menjadi dua sub bagian yaitu Daya Syahwat dan Daya Emosi.[26]

Ada pun daya menangkap/mengetahui juga terbagi menjadi dua, yakni meangkap dari luar (dengan panca indera), dan menagkap dri dalam dengan indera dalam (batin). Dan ini ada dalam wujud mengetahui itra indrawi ada dalam wujud mengetahui pengertiannya. Seperti halnya kambing mengetahui bentuk serigala dan mengetahui bahya serigala.[27]

Di antara daya batin tersebut ada dayaindra bersama, yakni ynag menerima segala yang ditangkap oleh pancaindra. Kemudian ada daya representasi, yakni

---

[23] Harun Nasution, *Islam ditinjau dari berbagai aspeknya jilid II*, (Jakarta: Universitas Indonesia (UI-press), 2012), hlm: 58.

[24] *Ibid*, hlm: 58.

[25] Ahmad Daudy, *Ibid*, hlm:86

[26] Syah Reza,*Ibid*, hlm: 5

[27] Ahmad Daudy, *Ibid*, hlm:

daya yang menyimpan segala apa yang diterima oleh indera bersama. Kemudian ada daya imajinasi yang menyusun apa yang disimpan dalam representasi. Kemudian ada daya estimasi yag dapat menangkap hal-hal yang abstrak yang terepas dari materinya seperti kambing yang lari ketika melihat serigala. Dan terakhir adalah daya rekoleksi yang menyimpan hal-hal yang abstrak yang disusun oleh estimasi.[28]

3. **Jiwa Insani**

Semua daya nabati dan daya hewani terdapat pada manusia (Insan). Kecuali manusia memiliki daya khas sendiri yakni "daya berfikir". Daya ini terbagi menjadi dua macam yakni, daya praktis dan daya teoritis. Daya praktis adalah daya yang memiliki unbungan langsung dengan badan dan materi yang merupakan dasar penggerak jasad insani untuk berbuat yang kemudian melahirkan apa yang disebut dengan "akhlak". Sedangkan daya teoritis adalah daya yang didominasi oleh pengertian-pengertian abstrak yang dengan daya ini maka timbulah sesuatu yang disebut "makrifat". Daya teoritis memiliki tingkatan- tingkatan sebagai berikut;[29]

1) Akal Materil. Yakni akal yang memiliki potensi untuk berfikir dan belum dilatih sedikitpun.

2) Akal habitu (*Intelectual in habits*), yakni akal yang sudah mulai dilatih berfikir yang abstrak.

3) Akal Aktuil, yakni akal yang sudah dapat berfikir hal-hal abstrak.

4) Akal mustafad, yakni akal yang sudah dapat berfikir hal-hal yang abstrak tanpa berusaha lagi, atau akal yang sudah mulai menerima pengertian- pengertian.

---

[28] Harun Nasution,*Ibid*, hlm:58.

[29] Ahmad baharuddin, *Ibid*, hlm:209

Zainal abidin Ahmad didalam bukunya yang berjudul Ibnu Sina (*Avicenna*) mengatakan bahwa terdapat lima perkembangan jiwa manusia.[30] Yakni;

1) *Perception*, yaitu kemungkinan untuk pengertian melalui satu atau lebih pancaindera mengenai bentuk luar yang konkret.

2) *Conceptions of Particular notions*, yaitu konsepsi tentang perasaan yang khusus terhadap dan diluar bentuk yang konret.

3) *Memory*, yaitu ingatan yang menyimpan baik akan bentuk luaran yang dilihat/dirasakan sebagai dipanggil kembali kedalam bentuk-bentuk khusus yang difikirkan.

4) *Common sense*, yaitu pendapat umum yang tumbuh dari selangkah lebih tinggi dari pada ketiga tahap sebelumnya, dan membuat konsepsi dari ketiga tahap sebelumnya itu.

5) *Opening*, yaitu pembukaan yang berkembang lebih tinggi lagi dan pertimbangan yang sudah lurus (selesai) sebagai suatu kebenaran atau kepalsuan dari konsepsi-konsepsi yang dibentuk.

Selanjutnya Ibnu Sina menjelaskan Ia menjelaskan bahwa sifat seseorang bergantung pada jiwa mana dari ketiga jiwa itu yang berpengaruh pada dirinya. Jika jiwa binatang dan tumbuh-tumbuhan yang berkuasa pada dirinya, maka orang itu dekat menyerupai sifat-sifat binatang, sebaliknya jika jiwa manusia yang dominan berpengaruh, maka orang itu dekat menyerupai sifat-sifat malaikat dan dekat pada kesempurnaan. Jika jiwa manusia telah mempunyai kesempurnaan sebelum ia berpisah dengan badan, maka ia akan memperoleh ksesenangan abadi diakhirat. Sebaliknya, jika ia berpisah dengan badan dalam keadaan tidak sempurna akibat terpengaruh oleh godaan hawa nafsu, maka ia akan sengsara selama-lamanya diakhirat.[31]

---

[30] Miska Muhammad Amien, *Ibid*, hlm: 50.

[31] Van Hoeve, *Ibid*. Hlm: 168

E. Hubungan Jiwa dan Tubuh

Mengenai hubungan antara jiwa dan tubuh, Ibnu Sina menrima pendapat Aristoteles bahwa jiwa memiliki kaitan yang sangat erat dengan tubuh karena jiwa akan mencapai tahap fenomenal hanya melalui tubuh. Namun hubungan yang bersift esensial ia tolak karena jika tubuh hancur, maka jiwa juga akan hancur. Agaknya ia lebih setuju dengan pandangan plato yang mengatakan bahwa hubungan antara jiwa dan jasad bersifat aksiden, oleh karena itu, hancurnya tubuh/ jasad tidak akan mempengaruhi hancurnya jiwa.

Menurut Ibn Sina, di samping eratnya hubungan antara jiwa dan jasad, keduanya saling mempengaruhi. Jasad adalah tempat bagi jiwa, adanya jasad merupakan syarat terciptanya jiwa dengan kata lain, jiwa tidak akan diciptakan tanpa adanya jasad yang akan ditempatinya. Jika tidak demikian tentu akan ada jiwa tanpa jasad, atau ada satu jasad ditempati beberapa jiwa, dan kenyataan tidak demikian.[32] Kendati demikian, badan juga mempunyai fungsi penting bagi jiwa. Tidak hanya sebagai wadah fenomena jiwa, namun badan juga menolong jiwa untuk melakukan proses berfikir. Atau dengan kata lain kelima indera yang ada pada badanlah yang membantu jiwa berfikir.[33] Anggapan lain yang mendasari pemikiran Ibnu Sina tentang hubungan jiwa dan tubuh juga didapainya dari pengalaman medisnya. Menurutnya tubuh yang sakit dapat sembuh jika jiwa berkehendak untuk sembuh, begitu juga sebaliknya.

Mengenai penolakannya terhadap kesatuan antara tubuh dan jiwa sebagai mana yang dipahami oleh aristoteles adalah karena Ibnu Sina mengganggap bahwa jiwa merupakan substansi independent yang transendental. Pada taraf transendental, jiwa merupakan wujud rohaniah murni dan tubuh belum ada. Bahkan sebagai kesatuan konsep rasional sekalipun. Pada taraf fenomenal ini, tubuh seharusnya sudah dapat ditentui bentuknya sebagai mana bangunan sudah direncanakan oleh sipembangun bangunan itu. Melihat hal ini, Ibnu Sina mengatakan bahwa dalam aspek fenomenal jiwa terbasuk dalam pembahasan

---

[32] Kamaruddin, *Ibid*, hlm: 16.

[33] Cyril Glasses,*Ibid*, hlm:201.

ilmu-ilmu alam, sedangkan dalam aspek transendental, jiwa merupakan bagian dari metafisika.[34]

Dalam aspek transendental jiwa juga Ibnu Sina mengakui kekekalan jiwa. Namun hal yang perlu digaris bawahi adalah adalah kekelan jiwa tidak sama dengan kekelan tuhan, kekekalan jiwa merupakan kekekalan yang diberikan oleh tuhan. Oleh karena itu kendati jiwa itu kekal, iya juga merupakan hal yang *baharu.*

---

34 Dedi Supriyadi, *Ibid*, hlm: 139.

BAB III
PENUTUP

3.1 KESIMPULAN

Ibnu Sina yang memiliki nama lengkap Abu Ali Al-husain Ibn Abdullah Ibn Ali Ibn Sina atau disebut Avicenna adalah salah satu tokoh filsuf Islam yang memiliki telah merumuskan dasar-dasar fisika, metafisika, teori wujud, teori emanasi, filsafat kenabian dan filsafat jiwa. Menurut banyak sumber Ibnu sina merupakan tokoh filsuf yang berhasil merumuskan pemikirannya secara konprehensif.

Mengenai pemikirannya tentang jiwa, Ibnu Sina memiliki beberapa dalil atau argumen yang menunjukkan keberadaan jiwa. Argumen pertama adalah argumen psikofisik, kedua adlah argumen argumen "aku" dan kesatuan fenomena psikologis, argumen ketiga adalah argumen ketiga adalah argumen kontinuitas. Menurut Ibnu Sina, jiwa adalah wujud imater yang terdapat didalam tubuh. Kendati jiwa terdapat didalam tubuh, jiwa merupakan hal transenden yang independen. Kemudian Ibnu Sina membagi Jiwa kedalam tiga jiwa. Yakni jiwa nabati, hewani, dan Insani (Rasional). Masing-masing jiwa memiliki daya tersendiri.

Ibnu Sina juga mengatakan bahwa terdapat hubungan yang sangat erat antara jiwa dan tubuh. Tubuh adalah wadah fenomenal bagi jiwa. Alau demikian jiwa dan tubuh erupakan hal yang berbeda. Tubuh itu fana, sedangkan jiwa adalah kelal. Namun ha perlu digaris bawahi adalah sekalipun jiwa kekal, jiwa merupakan hal yang *baharu*.

3.2 SARAN

Penyususun tidak menutup dari sebagai manusia yang penuh dengan salah dan dosa. Oleh karena itu, bagi embaca diarapkan juga membaca sumber yang lebih relefan dari makalah ini. Penyusun juga sangat mengharap kritik dan saran pembaca.

DAFTAR PUSTAKA

Amien, Miska Muhammad. 2006. *Epistemologi Islam: Pengantar Filsafat Pengetahuan Islam*. Jakarta: Universitas Indonesia (UI-Press).

Baharuddin, Ahmad. 2015. *Ibnu Sina dan Pemikiran Teori Emanasi*. Jurnal Abadiyah Vol. 15 No. 1.

Daudy, Ahmad. 1992. *Kuliah Filsafat Islam*. Jakarta: Bulan Bintang.

Freely, Jhon. 2011. *Cahaya Dari Timur; Peran Ilmuwan dan Sains Islam Dalam Membentuk Dunia Barat*. Jakarta: Gramedia.

Glasses, Cyril. 1999. *Ensiklopedia Islam*. Jakarta: PT. Raja Grafindo Persada.

Hakim, Atang Abdul dan Ahmad Saebani. 2008. *filsafat Umum: Dari Mitologi Sampai Teofilosofi*. Bandung: Pustaka Setia.

Hoetomo. 2005. *Kamus Lengkap Bahasa Indonesia*. Surabaya: Mitra Pelajar.

Hoeve, Van. 2003. *Ensiklopedi Islam*. Jakarta: PT.Ichtiar Baru.

Kamaruddin. 2014. *Pemikiran Islam Tentang Jiwa Dalam Filsafat Islam*, Jurnal Al Hikmah Vol. XV Nomor 2.

Nasution, Harun. 2012. *Islam ditinjau dari berbagai aspeknya jilid II*. Jakarta: Universitas Indonesia (UI-press).

Nur, Abdullah. 2009. *Ibnu Sina: Pemikiran Filsafatnya Tentang Al-Fayd, Al-Nafs, Al-nubuwah, dan Al wujud*. Jurnal Hunafa, Vol. 6, No.1.

Reza, Syah. 2016. *Konsep Jiwa dalam Pandangan Ibnu Sina*. Pasca Sarjana ISID Gontor-Ponorogo. https://pengemishikmah.wordpress.com/2011/07/31/konsep-jiwa-dalam- pandangan-ibn-sina/. Diunduh pada 04/11/2016.

Supriyadi, Dedi. 2009. *Pengantar Filsafat Islam (Konsep, Filsuf, dan Ajarannya)*.

Bandung:Pustaka Setia.

AL - GHAZALI

1.1 PENDAHULUAN

Abu Hamid al-Ghazali adalah salah satu tokoh intelektual paling berpengaruh dalam sejarah pemikiran Islam. Ia dikenal sebagai filosof, teolog, sufi, sekaligus reformis intelektual yang memberikan dampak besar bagi perkembangan ilmu pengetahuan dan spiritualitas Islam. Karyanya mencakup bidang yang sangat luas, mulai dari fikih, tasawuf, logika, hingga epistemologi, sehingga ia mendapat gelar *Hujjatul Islam*, yaitu bukti kebenaran Islam bagi umat.

Filsafat al-Ghazali memiliki karakter yang khas karena memadukan rasionalitas dan spiritualitas secara seimbang. Ia tidak menolak filsafat secara total, melainkan mengkritik aspek-aspek tertentu yang dianggap menyimpang dari prinsip-prinsip teologis Islam. Melalui karya-karyanya, al-Ghazali menegaskan bahwa akal dan wahyu bukan dua hal yang saling bertentangan, tetapi harus berjalan harmonis untuk mencapai kebenaran sejati.

Kehidupan intelektual al-Ghazali mengalami perubahan besar ketika ia mengalami krisis spiritual mendalam pada usia empat puluhan. Krisis tersebut membuatnya meninggalkan jabatan prestisius sebagai profesor di Universitas Nizamiyah Baghdad. Setelah periode perenungan panjang, ia kembali dengan pandangan baru yang lebih matang mengenai hubungan antara akal, hati, dan pengalaman spiritual.

Salah satu kontribusi terbesar al-Ghazali adalah karyanya yang berjudul *Ihya' Ulum al-Din*, yang dianggap sebagai sintesis antara syariat, akhlak, dan tasawuf. Buku ini disusun sebagai upaya untuk membangkitkan kembali semangat keilmuan dan spiritualitas umat Islam yang saat itu mulai melemah. Melalui karya tersebut, al-Ghazali mencoba menempatkan praktik keagamaan tidak hanya sebagai ritual formal, tetapi sebagai proses transformasi moral dan spiritual.

Oleh karena itu, filsafat al-Ghazali tidak dapat dipahami hanya melalui kerangka filsafat Yunani atau teologi klasik. Filsafatnya adalah bentuk refleksi mendalam atas kondisi sosial, politik, dan moral masyarakat Muslim pada masa itu. Kerangka pemikirannya bertujuan mengembalikan keseimbangan antara dimensi lahir dan batin manusia, sehingga kebenaran tidak hanya ditemukan melalui nalar, tetapi juga melalui penyucian diri.

1.2 LATAR BELAKANG

Latar belakang kehidupan al-Ghazali memberikan pengaruh signifikan terhadap perkembangan pemikirannya. Ia lahir di Thus pada tahun 1058 M dan tumbuh dalam keluarga sederhana, tetapi sangat menghargai pendidikan. Sejak usia muda, ia menunjukkan kecerdasan luar biasa sehingga dapat menguasai berbagai cabang ilmu pengetahuan dalam waktu relatif singkat.

Pendidikan formal al-Ghazali dimulai di madrasah-madrasah lokal sebelum ia menuntut ilmu di bawah bimbingan Imam al-Juwaini, salah satu teolog terbesar pada zamannya. Di bawah arahan gurunya, ia mendalami ilmu kalam, logika, dan filsafat, sehingga membentuk landasan intelektual yang kuat. Pengaruh al-Juwaini sangat besar dalam membentuk ketajaman berpikir dan metode argumentasi yang kemudian terkenal dalam karya-karya al-Ghazali.

Setelah gurunya wafat, al-Ghazali memasuki dunia birokrasi ilmiah pada masa Dinasti Saljuk yang sangat menghargai ilmu pengetahuan. Ia kemudian diangkat sebagai profesor di Universitas Nizamiyah Baghdad, salah satu institusi pendidikan paling bergengsi saat itu. Pada masa ini pula ia menghadapi berbagai perdebatan filosofis dan teologis yang menguji kedalaman intelektualnya.

Meski mencapai puncak karier akademik pada usia muda, al-Ghazali merasakan kekosongan batin yang mendalam. Ia mulai meragukan ketulusan tujuannya dalam mengejar ilmu dan mengajar, sehingga krisis spiritual menimpanya. Kondisi tersebut mendorongnya untuk melakukan perjalanan panjang mencari makna kebenaran melalui praktik-praktik spiritual.

Perjalanan spiritual ini membawa al-Ghazali pada pemikiran baru bahwa pengetahuan tidak hanya diperoleh melalui argumentasi logis, tetapi juga melalui pengalaman batin yang autentik. Kesimpulan inilah yang kemudian menjadi dasar bagi filsafatnya mengenai hubungan antara akal dan hati. Bagi al-Ghazali, kebenaran tertinggi hanya dapat diperoleh ketika keduanya berada dalam harmoni yang sempurna.

1.3 KONSEP EPISTEMOLOGI

Salah satu aspek utama filsafat al-Ghazali adalah konsep epistemologi, yaitu teori tentang sumber dan cara memperoleh pengetahuan. Al-Ghazali membagi pengetahuan menjadi dua jenis, yakni pengetahuan rasional dan pengetahuan intuitif. Menurutnya, pengetahuan rasional diperoleh melalui proses berpikir logis, sedangkan pengetahuan intuitif diperoleh melalui penyucian jiwa.

Dalam kerangka epistemologinya, al-Ghazali menegaskan bahwa akal manusia memiliki keterbatasan dalam memperoleh kebenaran absolut. Akal hanya dapat digunakan untuk memahami hal-hal empiris dan logis, tetapi tidak mampu menembus hakikat metafisik yang lebih tinggi. Oleh karena itu, akal memerlukan bimbingan wahyu dan pengalaman spiritual.

Melalui pendekatan ini, al-Ghazali menolak pandangan para filosof peripatetik seperti Ibn Sina yang menempatkan akal sebagai sumber utama dan tertinggi dalam memperoleh pengetahuan. Ia berpendapat bahwa kebenaran sejati justru terletak pada pengetahuan langsung yang dianugerahkan Allah kepada hati yang bersih. Inilah yang menjadi dasar dari konsep "ilham" dalam epistemologi al-Ghazali.

Konsep pengetahuan intuitif ini tidak berarti menolak rasionalitas, tetapi menempatkannya pada posisi yang seharusnya. Rasionalitas berfungsi sebagai alat untuk memahami fenomena dunia, sedangkan spiritualitas berfungsi untuk memahami hakikat di balik fenomena tersebut. Dengan demikian, filsafat al-Ghazali berusaha mendamaikan dua dimensi pengetahuan yang selama ini dianggap bertentangan.

Sistem epistemologi ini kemudian menjadi dasar bagi pandangan etika dan tasawuf al-Ghazali. Baginya, seseorang tidak dapat mencapai kesempurnaan moral jika tidak memahami sumber pengetahuan yang melandasi tindakan. Oleh karena itu, penyucian diri menjadi syarat utama untuk memperoleh pengetahuan yang benar dan bertindak sesuai petunjuk Ilahi.

A. METAFISIKA

Dalam bidang metafisika, al-Ghazali memberikan kontribusi penting melalui kritiknya terhadap pandangan para filosof mengenai hubungan sebab-akibat. Ia menolak gagasan bahwa hubungan tersebut bersifat niscaya dan otomatis, sebagaimana diyakini oleh para filosof peripatetik. Menurut al-Ghazali, tidak ada hubungan kausalitas yang terjadi secara mandiri tanpa campur tangan kehendak Ilahi.

Al-Ghazali menegaskan bahwa sesuatu terjadi tidak karena sifat alamiah benda itu sendiri, tetapi karena Allah menghendaki terjadinya peristiwa tersebut setiap saat. Pandangannya ini dikenal sebagai doktrin *occasionalism*, yaitu keyakinan bahwa Allah adalah pelaku utama setiap kejadian. Dengan demikian, dunia tidak berjalan secara mekanis, melainkan berada dalam ketergantungan penuh kepada Tuhan.

Kritik ini muncul sebagai respons terhadap filsafat Aristoteles dan Ibn Sina yang memandang alam bekerja dengan keteraturan internal yang bersifat tetap. Al-Ghazali menilai bahwa pemahaman tersebut dapat mengurangi peran Tuhan dalam mengatur alam. Oleh karena itu, ia berusaha mengembalikan keyakinan bahwa segala sesuatu bergantung sepenuhnya pada kekuasaan Allah.

Pandangan al-Ghazali tentang sebab-akibat memberikan pengaruh besar pada teologi Islam, terutama dalam upaya membangun konsep ketauhidan yang kuat. Dengan meyakini bahwa Allah merupakan penyebab utama segala kejadian, umat Islam diharapkan memiliki kesadaran spiritual bahwa kehidupan tidak terlepas dari bimbingan-Nya. Konsep ini juga memperkuat keyakinan terhadap doa dan ikhtiar sebagai bentuk ketergantungan kepada Tuhan.

Secara filosofis, gagasan tersebut mengundang perdebatan panjang dalam kalangan intelektual Muslim maupun Barat. Namun, kontribusinya tetap diakui sebagai salah satu upaya untuk menjembatani pemikiran rasional dan teologis. Pemikiran al-Ghazali dalam bidang metafisika memperkuat identitas filsafat Islam yang menekankan supremasi kehendak Ilahi.

B. ETIKA SEBAGAI FONDASI UTAMA KEHIDUPAN MANUSIA

Selain metafisika, al-Ghazali memberikan perhatian besar pada bidang etika sebagai fondasi utama kehidupan manusia. Menurutnya, etika bukan sekadar ajaran moral, tetapi merupakan jalan menuju penyempurnaan diri dan kedekatan dengan Allah. Ia memandang bahwa akhlak yang baik hanya dapat terbentuk apabila seseorang memahami hubungan antara jiwa, perbuatan, dan tujuan hidupnya.

Dalam kerangka etika al-Ghazali, jiwa manusia memiliki kecenderungan yang dapat diarahkan menuju kebaikan maupun keburukan. Oleh karena itu, manusia memiliki tanggung jawab moral untuk mengendalikan hawa nafsu dan memurnikan hati. Ia menekankan bahwa pendidikan diri menjadi kunci utama untuk mencapai karakter yang mulia.

Al-Ghazali mengembangkan konsep *tazkiyatun nafs* atau penyucian jiwa sebagai metode untuk membentuk moralitas yang kokoh. Melalui proses ini, seseorang dituntut untuk melatih dirinya agar terhindar dari sifat tercela dan memperoleh sifat terpuji. Proses penyucian ini merupakan perpaduan antara praktik spiritual, disiplin diri, dan penguatan iman.

Etika al-Ghazali sangat dipengaruhi oleh pandangan sufisme, terutama mengenai pentingnya hati sebagai pusat kesadaran manusia. Menurutnya, hati yang bersih akan mampu menerima cahaya kebenaran dari Allah. Tanpa penyucian hati, akal sekalipun tidak akan mampu mencapai pengetahuan yang benar.

Oleh sebab itu, filsafat etika al-Ghazali berfungsi sebagai pedoman bagi umat Islam untuk menjaga perilaku agar sesuai dengan nilai-nilai keagamaan. Konsep ini tidak hanya relevan dalam konteks spiritual, tetapi juga dalam kehidupan sosial dan profesional manusia. Dengan demikian, etika menjadi bagian integral dari keseluruhan sistem pemikiran al-Ghazali.

Dalam bidang teologi, al-Ghazali dikenal sebagai pembela utama ajaran Ahlus Sunnah wal Jama'ah. Ia menulis berbagai karya untuk mengukuhkan doktrin-doktrin keagamaan yang dianggap benar menurut metode teologis Asy'ariyyah. Salah satu karyanya yang paling terkenal dalam bidang ini adalah *al-Iqtisad fi al-I'tiqad*.

Al-Ghazali menolak pandangan ekstrem dalam kalam, baik dari kelompok rasionalis maupun kelompok literalis. Ia berusaha mencari jalan tengah yang memadukan penggunaan akal dalam batas-batas yang ditentukan wahyu. Pendekatan moderat ini membuat pemikirannya diterima luas di berbagai kalangan Muslim.

Dalam pandangannya, keyakinan agama harus dibangun berdasarkan argumen yang dapat dipertanggungjawabkan secara intelektual. Namun, argumen tersebut tidak boleh melampaui batas yang ditetapkan oleh wahyu. Dengan demikian, teologi menurut al-Ghazali harus berfungsi memperkuat iman, bukan menimbulkan keraguan.

Al-Ghazali juga menekankan pentingnya menghindari perdebatan teologis yang berlebihan karena dapat menimbulkan perpecahan. Ia berpendapat bahwa pembahasan kalam harus diarahkan untuk menjaga kemurnian ajaran Islam, bukan untuk menunjukkan kehebatan intelektual semata. Ini menunjukkan sikapnya yang realistis dalam menghadapi dinamika sosial pada masanya.

Kontribusi al-Ghazali dalam teologi menjadikannya sebagai salah satu pilar utama dalam perkembangan pemikiran Islam klasik. Pemikiran-pemikirannya diterima oleh berbagai madrasah dan menjadi rujukan selama berabad-abad. Hal ini membuktikan betapa kuat dan mendalamnya warisan intelektual yang ditinggalkannya.

Selain filsafat, teologi, dan metafisika, al-Ghazali memiliki pengaruh besar dalam perkembangan ilmu pendidikan Islam. Ia menegaskan bahwa pendidikan tidak hanya bertujuan mencerdaskan pikiran, tetapi juga membentuk karakter dan moral peserta didik. Menurutnya, ilmu harus diamalkan agar memberikan manfaat bagi diri dan masyarakat.

Al-Ghazali membedakan antara ilmu yang bermanfaat dan ilmu yang tidak memberikan nilai moral maupun spiritual. Ilmu yang bermanfaat ialah ilmu yang mendekatkan manusia kepada Allah dan membantu seseorang menjalani kehidupan dengan cara yang benar. Klasifikasi ini menjadi dasar moralitas dalam tradisi pendidikan Islam hingga kini.

C. MANFAAT PENULISAN

Dalam dunia pendidikan, al-Ghazali menekankan pentingnya niat yang tulus dalam mencari ilmu. Ia memperingatkan bahwa ilmu dapat menjadi sumber kebinasaan apabila seseorang menuntutnya untuk tujuan duniawi semata, seperti kekuasaan atau popularitas. Hal ini menunjukkan bahwa ia memandang pendidikan sebagai ibadah yang memiliki dimensi etika yang mendalam.

Konsep pendidikan al-Ghazali juga menempatkan peran guru sebagai figur moral yang harus memberi teladan. Pengajar tidak hanya mentransfer ilmu, tetapi juga membimbing murid dalam proses pembentukan karakter. Dengan demikian, hubungan antara guru dan murid harus dibangun atas dasar penghormatan dan keikhlasan.

Pemikiran al-Ghazali dalam bidang pendidikan memberi pengaruh besar terhadap sistem madrasah di dunia Islam. Banyak prinsip pendidikannya diterapkan dalam kurikulum klasik, terutama dalam penyusunan kitab-kitab akhlak dan tasawuf. Pengaruhnya dapat ditemukan hingga masa modern, terutama dalam pendidikan yang mengutamakan pengembangan karakter.

Salah satu aspek penting dari pemikiran al-Ghazali adalah pandangannya tentang hubungan antara agama dan filsafat. Ia tidak menolak filsafat secara keseluruhan, tetapi melakukan kritik selektif terhadap aspek-aspek yang dianggap bertentangan dengan ajaran Islam. Sikap ini memungkinkan terjadinya integrasi antara rasionalitas dan spiritualitas dalam pemikiran Islam.

Al-Ghazali menilai bahwa logika adalah bagian netral dari filsafat yang dapat digunakan sebagai alat untuk memahami argumen secara sistematis. Oleh karena itu, ia memasukkan logika dalam kurikulum pendidikan Islam sebagai perangkat untuk berpikir secara benar. Pandangan ini menunjukkan bahwa ia tidak anti-filsafat, melainkan sangat menghargai penggunaan akal dalam batas-batas yang wajar.

Namun demikian, al-Ghazali mengkritik keras para filosof yang mengadopsi doktrin-doktrin metafisika Yunani tanpa kritis. Ia berpendapat bahwa beberapa pemikiran mereka, seperti kekekalan alam dan pengetahuan Tuhan yang terbatas pada hal-hal universal, bertentangan dengan prinsip tauhid. Itulah sebabnya ia menulis *Tahafut al-Falasifah* sebagai kritik terhadap penyimpangan dalam filsafat.

Meskipun kritiknya dianggap keras, karya tersebut justru mendorong perkembangan filsafat baru yang lebih sejalan dengan nilai-nilai Islam. Banyak pemikir setelahnya, termasuk Ibn Rusyd, memberikan tanggapan terhadap karya al-Ghazali dan memunculkan dialog intelektual yang kaya. Ini menunjukkan bahwa kontribusi al-Ghazali tidak mematikan filsafat, tetapi memperkaya wacana keilmuan.

Dengan demikian, hubungan antara al-Ghazali dan filsafat dapat digambarkan sebagai hubungan kritis konstruktif. Ia melakukan penilaian objektif terhadap aspek yang dapat diterima dan menolak bagian yang tidak sesuai dengan aqidah Islam. Dalam konteks sejarah intelektual Islam, ia menjadi penghubung penting antara tradisi rasional dan tradisi spiritual.

Karya monumental al-Ghazali yang berjudul *Ihya' Ulum al-Din* merupakan tonggak utama dalam pemikirannya. Buku ini tidak hanya menjadi pedoman spiritual, tetapi juga kajian ensiklopedis tentang ilmu-ilmu agama. Struktur pembahasannya mencakup ibadah, muamalah, akhlak, hingga aspek tasawuf yang mendalam.

Ihya' Ulum al-Din disusun sebagai respons terhadap kondisi umat Islam pada zamannya yang cenderung terfokus pada formalitas ritual semata. Al-Ghazali mengajak pembacanya untuk memahami makna moral dan spiritual di balik setiap ibadah. Hal ini menunjukkan keinginannya untuk mengembalikan roh keagamaan ke dalam kehidupan umat.

Dalam karya tersebut, al-Ghazali memadukan antara dalil-dalil syariat, pengetahuan psikologis, dan metode penyucian jiwa. Kombinasi ini menjadikan *Ihya'* sebagai karya yang tidak hanya ilmiah, tetapi juga praktis untuk diamalkan oleh umat Islam. Kekuatan argumentasinya juga menunjukkan kedalaman pemahaman al-Ghazali terhadap berbagai disiplin ilmu.

Buku ini memiliki pengaruh besar di dunia Islam dan menjadi rujukan dalam pendidikan, dakwah, dan praktik tasawuf. Banyak ulama menilai bahwa *Ihya'* adalah karya yang mampu menghidupkan kembali semangat keagamaan masyarakat. Hal ini membuktikan bahwa karya al-Ghazali mampu menjawab kebutuhan zaman sekaligus bersifat relevan dalam jangka panjang.

Reputasi *Ihya'* sebagai karya klasik menjadikannya salah satu kontribusi terbesar al-Ghazali dalam dunia intelektual Islam. Hingga kini, karya tersebut masih dipelajari di berbagai institusi pendidikan Islam. Pengaruhnya yang luas menunjukkan bahwa al-Ghazali berhasil menghadirkan sintesis antara pemikiran teoretis dan praktik spiritual.

D. BATASAN MASALAH

Al-Ghazali juga memberikan kontribusi signifikan dalam bidang psikologi Islam. Ia membahas struktur jiwa manusia secara mendalam dalam berbagai karyanya, termasuk *Ihya'* dan *Mizan al-Amal*. Menurutnya, jiwa manusia terdiri dari berbagai potensi yang membutuhkan pengelolaan agar menghasilkan perilaku yang seimbang.

Dalam pandangan al-Ghazali, jiwa manusia terbagi menjadi tiga komponen utama, yaitu *nafs*, *aql*, dan *qalb*. *Nafs* adalah dorongan nafsu, *aql* adalah kemampuan berpikir, sedangkan *qalb* adalah pusat spiritual yang menjadi penentu moral seseorang. Ketiganya harus berada dalam harmoni agar manusia mencapai kesempurnaan hidup.

Al-Ghazali menegaskan bahwa penyimpangan perilaku terjadi karena dominasi salah satu komponen jiwa. Jika *nafs* menguasai diri, manusia cenderung berbuat maksiat. Sebaliknya, jika *qalb* terlatih dengan baik, maka tindakan yang muncul akan selaras dengan nilai-nilai keagamaan.

Pandangannya tentang psikologi moral ini menjadi dasar bagi konsep *tazkiyatun nafs* dan pendidikan karakter dalam Islam. Proses pengendalian diri dan penyucian hati dianggap sebagai metode utama untuk mengembangkan kepribadian yang luhur. Konsep ini kemudian banyak diadopsi dalam tradisi sufi dan lembaga pendidikan Islam.

Kontribusi al-Ghazali dalam psikologi Islam menjadi bukti bahwa pemikirannya tidak hanya berkutat pada teori, tetapi juga pada aspek-aspek praktis kehidupan manusia. Ia berhasil menjelaskan hubungan antara kondisi batin dan perilaku manusia melalui analisis filosofis dan keagamaan. Hal ini menjadikan pemikirannya tetap relevan hingga masa kini.

E. METODE PENELITIAN/METODE PENULISAN

Dalam pandangan politik, al-Ghazali menekankan pentingnya stabilitas dan keharmonisan sosial sebagai syarat utama sebuah negara. Ia memandang bahwa kekuasaan politik harus digunakan untuk menegakkan keadilan dan kemaslahatan rakyat. Kekuatan negara tidak hanya ditentukan oleh pemimpin, tetapi juga oleh moralitas masyarakatnya.

Al-Ghazali menolak konsep revolusi yang dapat memicu kekacauan sosial. Ia lebih mengutamakan reformasi gradual yang dilakukan melalui pendidikan dan pembinaan moral. Menurutnya, perubahan yang stabil hanya dapat dicapai apabila masyarakat memahami nilai agama dan menerapkannya dalam kehidupan sehari-hari.

Selain itu, ia memandang pemimpin sebagai figur yang bertanggung jawab tidak hanya secara politik, tetapi juga secara spiritual. Pemimpin harus mampu menjaga keadilan, melindungi hak rakyat, dan menghindari korupsi. Pandangan ini menunjukkan bahwa al-Ghazali memiliki pemikiran politik yang seimbang dan humanis.

Al-Ghazali juga menekankan pentingnya kolaborasi antara ulama dan pemimpin politik. Para ulama berperan sebagai penasehat moral yang mengarahkan pemerintah pada kebijakan yang sesuai dengan nilai agama. Kerja sama ini dianggap sebagai penopang bagi kestabilan sebuah negara.

Kontribusinya dalam bidang politik memperlihatkan bahwa al-Ghazali tidak hanya berfokus pada persoalan spiritual, tetapi juga memahami dinamika sosial yang lebih luas. Pemikirannya memberikan panduan bagi pembentukan masyarakat yang berkeadilan dan berakhlak. Hal ini menjadikannya salah satu pemikir Islam paling lengkap dalam sejarah.

Pemikiran etika Al-Ghazali memiliki posisi sentral dalam keseluruhan bangunan filsafatnya. Menurutnya, etika bukan sekadar aturan perilaku, tetapi merupakan refleksi dari keadaan batin yang harus dibentuk melalui latihan spiritual. Ia menekankan bahwa akhlak manusia dapat dibentuk melalui pembiasaan yang konsisten, pendidikan moral, dan penyucian diri. Dengan demikian, moralitas bukan sesuatu yang statis, tetapi hasil proses panjang yang melibatkan kesadaran dan usaha pribadi. Pandangan ini memperlihatkan bahwa Al-Ghazali melihat etika sebagai bagian yang tidak terpisahkan dari perjalanan manusia menuju kesempurnaan spiritual.

Dalam konteks pendidikan moral, Al-Ghazali menekankan pentingnya peran lingkungan sebagai faktor pembentuk karakter. Ia meyakini bahwa manusia cenderung meniru perilaku dan nilai-nilai dari orang-orang di sekitarnya. Oleh karena itu, lingkungan yang baik menjadi fondasi kuat bagi terciptanya akhlak yang lurus dan stabil. Pandangan ini menunjukkan kedalaman psikologis pemikiran Al-Ghazali yang memahami perilaku manusia melalui pendekatan empiris. Selain itu, ia menegaskan bahwa pembentukan moral membutuhkan contoh nyata dari pendidik maupun komunitas sosial.

Selain etika, epistemologi menjadi fokus penting dalam pemikiran Al-Ghazali. Ia membagi sumber pengetahuan menjadi empat: pancaindra, akal, intuisi atau ilham, dan wahyu. Menurutnya, semua sumber ini saling melengkapi dalam memberikan gambaran utuh mengenai realitas. Al-Ghazali berpendapat bahwa akal memiliki keterbatasan tertentu, terutama dalam menjangkau hal-hal metafisik yang berada di luar pengalaman empiris. Karena itu, ia menegaskan bahwa wahyu dan intuisi memegang peranan penting dalam mencapai pengetahuan yang lebih tinggi.

Kritik Al-Ghazali terhadap para filsuf juga berpengaruh besar dalam perkembangan intelektual dunia Islam. Dalam karyanya *Tahafut al-Falasifah*, ia membantah beberapa pandangan filsafat yang dianggap bertentangan dengan ajaran agama. Ia tidak menolak filsafat secara keseluruhan, melainkan mengkritisi bagian-bagian yang menurutnya menyimpang dari prinsip teologis. Melalui kritiknya tersebut, Al-Ghazali memberikan batasan metodologis yang jelas antara filsafat spekulatif dan kajian ilmiah yang tetap menghargai wahyu. Karya ini kemudian memengaruhi perdebatan rasionalisme dan spiritualitas di kalangan sarjana muslim.

Dalam bidang tasawuf, Al-Ghazali menegaskan pentingnya perjalanan ruhani sebagai jalan menuju kedekatan dengan Tuhan. Ia memandang tasawuf bukan sebagai praktik mistisisme semata, tetapi sebagai disiplin ilmiah yang terstruktur. Menurutnya, pembersihan hati melalui mujahadah dan muraqabah merupakan langkah utama dalam mencapai ketenangan batin. Tasawuf bagi Al-Ghazali berfungsi sebagai sarana untuk menyatukan aspek syariat, akal, dan hati. Dengan pandangan tersebut, Al-Ghazali berhasil menempatkan tasawuf dalam kerangka ilmiah dan teologis yang diterima oleh banyak ulama.

Peran Al-Ghazali dalam menyelaraskan antara akal dan wahyu memberikan kontribusi besar terhadap perkembangan pemikiran Islam. Ia menegaskan bahwa keduanya bukan entitas yang harus dipertentangkan, melainkan harus saling melengkapi. Menurutnya, akal dapat berfungsi secara optimal ketika berada dalam bimbingan wahyu, sehingga tidak mudah tersesat oleh spekulasi yang tidak berdasar. Sikap moderat ini membuat pemikiran Al-Ghazali diterima oleh banyak kelompok intelektual, baik dari kalangan filosof, teolog, maupun sufi. Dengan demikian, ia berhasil menjadi jembatan yang menyatukan berbagai tradisi pemikiran dalam Islam.

BAB II

BIOGRAFI AL-GHAZALI

2.2 RIWAYAT KELAHIRAN DAN LINGKUNGAN KELUARGA

Dalam karya-karyanya, Al-Ghazali tidak hanya memaparkan teori, tetapi juga memberikan panduan praktis bagi umat Islam. Salah satu kontribusinya adalah konsep tentang penyucian hati yang ia jelaskan secara sistematis. Menurutnya, hati memiliki peran penting dalam menentukan arah moral seseorang, sehingga pemeliharaannya menjadi kewajiban utama. Ia menyarankan langkah-langkah seperti introspeksi diri, menjauhi sifat tercela, dan menanamkan sifat terpuji sebagai bentuk perawatan spiritual. Melalui pendekatan ini, Al-Ghazali ingin membangun masyarakat yang tidak hanya taat secara ritual, tetapi juga bertanggung jawab secara moral.

Pemikiran Al-Ghazali dalam bidang pendidikan juga sangat berpengaruh. Ia berpendapat bahwa tujuan utama pendidikan adalah membentuk karakter manusia agar sesuai dengan nilai-nilai keagamaan. Pendidikan tidak hanya berfungsi sebagai proses transfer pengetahuan, tetapi juga pembentukan perilaku dan kebiasaan. Ia menekankan pentingnya keteladanan guru, karena murid cenderung meniru perilaku pendidiknya. Oleh karena itu, ia menempatkan etika pendidik sebagai unsur utama dalam keberhasilan proses pembelajaran.

Al-Ghazali turut membahas hubungan antara agama dan negara dalam beberapa karyanya. Ia meyakini bahwa kestabilan politik sangat ditentukan oleh kualitas moral para pemimpin. Menurutnya, pemimpin harus menjalankan amanah dengan mengutamakan keadilan, integritas, dan kebijaksanaan. Pemerintahan yang jauh dari nilai-nilai moral hanya akan membawa masyarakat pada kerusakan sosial. Karena itu, ia mendorong penerapan nilai etika dalam seluruh aspek kepemimpinan, baik dalam kebijakan maupun perilaku pribadi pemimpin.

Dalam menganalisis kondisi sosial pada masanya, Al-Ghazali melihat adanya ketidakseimbangan antara kebutuhan duniawi dan spiritual. Ia menilai bahwa masyarakat cenderung terjebak dalam orientasi material, sehingga melupakan pentingnya kehidupan batin. Oleh sebab itu, ia mengajak umat Islam untuk menemukan keseimbangan melalui integrasi antara usaha duniawi dan kepasrahan kepada Tuhan. Menurutnya, manusia harus berikhtiar sekaligus menyadari keterbatasan dirinya sebagai makhluk. Pandangan ini memberikan gambaran bahwa Al-Ghazali selalu menempatkan nilai moderat sebagai prinsip utama dalam seluruh pemikirannya.

Pemikiran Al-Ghazali mengenai hubungan antara ilmu dan akhlak memberikan kontribusi penting dalam tradisi keilmuan Islam. Ia berpendapat bahwa ilmu tanpa akhlak hanya akan mengarahkan manusia kepada kesombongan dan penyimpangan. Oleh karena itu, ia menekankan bahwa pencarian ilmu harus dibarengi dengan keikhlasan dan kesadaran spiritual. Menurutnya, tujuan tertinggi dari menuntut ilmu adalah mendekatkan diri kepada

Tuhan, bukan memperoleh kekuasaan atau kedudukan duniawi. Pandangan ini masih relevan hingga kini, mengingat banyaknya tantangan etika dalam dunia pendidikan modern.

Dalam perspektif Al-Ghazali, keberhasilan seseorang dalam menjalani kehidupan sangat ditentukan oleh kemampuan mengendalikan hawa nafsu. Hawa nafsu dianggap sebagai sumber utama dari penyimpangan moral apabila tidak diarahkan dengan benar. Ia menjelaskan bahwa manusia memiliki kecenderungan alami untuk mengikuti keinginannya, sehingga diperlukan kontrol diri melalui latihan spiritual. Ia menawarkan pendekatan seperti muhasabah, dzikir, dan menghindari perilaku berlebihan dalam urusan dunia. Pendekatan ini tidak hanya bersifat religius, tetapi juga memiliki dimensi psikologis yang kuat.

Al-Ghazali juga membahas konsep "kebahagiaan sejati" yang menjadi tujuan akhir kehidupan manusia. Menurutnya, kebahagiaan tidak dapat diperoleh melalui harta, jabatan, atau kenikmatan fisik semata. Kebahagiaan sejati hanya dapat dirasakan ketika manusia berhasil menyucikan hatinya dan mendekatkan diri kepada Tuhan. Ia menekankan bahwa kebahagiaan memiliki sifat transendental yang tidak terikat ruang dan waktu. Pemikiran ini menunjukkan bahwa Al-Ghazali memahami kebahagiaan sebagai kondisi spiritual, bukan sekadar kepuasan emosional atau material.

Dalam dunia pemikiran Islam, Al-Ghazali sering dipandang sebagai tokoh yang berhasil menyelaraskan antara teologi Asy'ari dengan tasawuf. Ia menjelaskan bahwa tasawuf bukanlah ajaran yang bertentangan dengan syariat, melainkan pendalaman dari nilai-nilai yang telah ditetapkan agama. Dengan pendekatan ini, ia mampu meredakan ketegangan antara ahli fikih dan kaum sufi pada masanya. Ia memperlihatkan bahwa praktik spiritual dapat berjalan berdampingan dengan hukum Islam apabila keduanya dilakukan secara proporsional. Upaya penyeimbangan inilah yang membuat pemikirannya diterima oleh berbagai kalangan.

Dalam bidang epistemologi, Al-Ghazali menegaskan bahwa pengetahuan memiliki tingkatan yang berbeda. Ia membedakan antara pengetahuan inderawi, rasional, dan intuitif, yang masing-masing memiliki fungsi tersendiri. Menurutnya, pengetahuan intuitif atau ma'rifah merupakan tingkatan tertinggi karena berasal dari pencerahan hati yang bersih. Pengetahuan ini tidak dapat dicapai melalui logika semata, tetapi melalui proses penyucian diri dan kedekatan dengan Tuhan. Pandangan ini memperkaya wacana filsafat Islam karena memberikan dimensi spiritual dalam teori pengetahuan.

Al-Ghazali memberikan perhatian besar pada proses penyucian jiwa sebagai fondasi moral manusia. Ia berpendapat bahwa jiwa manusia pada dasarnya bersifat suci, namun dapat dikotori oleh perilaku buruk dan ketertarikan terhadap dunia yang berlebihan. Oleh sebab itu, ia menekankan pentingnya latihan spiritual yang berkelanjutan sebagai cara untuk menjaga kesucian batin. Latihan tersebut mencakup introspeksi mendalam, pengendalian emosi, serta amal ibadah yang dilakukan dengan penuh kesadaran. Konsep penyucian jiwa ini menjadi inti dari karya monumental Al-Ghazali, *Ihya' 'Ulum al-Din*.

A. PENDIDIKAN AWAL DAN GURU GURU BERPENGARUH

Dalam pandangan Al-Ghazali, moralitas tidak hanya mencakup tindakan lahiriah, tetapi juga kondisi batin seseorang. Ia menegaskan bahwa niat merupakan faktor penentu dalam kualitas suatu perbuatan. Perbuatan yang secara lahiriah tampak baik belum tentu bernilai ibadah apabila niat yang melatarbelakanginya tidak tulus. Oleh karena itu, Al-Ghazali mendorong manusia untuk memperbaiki orientasi hatinya sebelum melakukan tindakan apa pun. Hal ini menunjukkan bahwa moralitas menurutnya memiliki keterkaitan erat dengan aspek spiritual.

Al-Ghazali juga menyampaikan kritik terhadap mereka yang mempelajari agama hanya sebatas teori tanpa penghayatan. Ia melihat bahwa ilmu agama akan kehilangan kekuatan transformasinya apabila tidak dipraktikkan dalam kehidupan sehari-hari. Menurutnya, tujuan mempelajari agama adalah untuk mencapai perubahan moral dan perilaku yang lebih baik. Karena itu, ia menegaskan bahwa ulama harus menjadi teladan dalam kejujuran, kesederhanaan, dan ketakwaan. Pesan ini relevan hingga kini, terutama dalam konteks pendidikan keagamaan modern.

Konsep *tawakal* juga mendapat perhatian penting dalam pemikiran Al-Ghazali. Ia mendefinisikannya sebagai sikap berserah diri sepenuhnya kepada Tuhan setelah melakukan usaha yang maksimal. Menurutnya, tawakal bukan berarti pasif atau meninggalkan usaha, tetapi merupakan puncak keyakinan seseorang terhadap ketentuan Ilahi. Sikap ini membantu manusia mengatasi kecemasan dan tekanan hidup karena ia percaya bahwa segala sesuatu telah diatur dengan hikmah. Al-Ghazali memandang tawakal sebagai salah satu pilar ketenangan jiwa.

Selain itu, Al-Ghazali membahas tema kerendahan hati sebagai bagian dari akhlak terpuji. Ia menekankan bahwa kesombongan merupakan penyakit hati yang dapat merusak hubungan manusia dengan Tuhan maupun sesama. Kerendahan hati, menurutnya, lahir dari kesadaran bahwa segala kelebihan yang dimiliki manusia adalah karunia Tuhan semata. Dengan demikian, manusia dituntut untuk tidak menganggap dirinya lebih tinggi dari orang lain. Konsep kerendahan hati ini menjadi salah satu landasan pembentukan karakter dalam ajaran-ajaran Al-Ghazali.

Dalam filsafat etika Al-Ghazali, salah satu konsep penting yang sering dibahas adalah *mujahadah*, yaitu perjuangan melawan hawa nafsu. Ia menegaskan bahwa manusia tidak dapat mencapai kedewasaan spiritual tanpa melakukan perlawanan terhadap dorongan negatif dalam dirinya. Perjuangan ini membutuhkan ketekunan serta disiplin yang kuat, karena hawa nafsu selalu berusaha menguasai hati dan pikiran. Al-Ghazali menjelaskan bahwa mujahadah merupakan proses panjang yang melibatkan pengendalian diri, kesabaran, serta komitmen. Melalui konsep ini, ia menekankan bahwa perubahan moral hanya dapat dicapai dengan usaha yang sungguh-sungguh.

Selain *mujahadah*, Al-Ghazali juga mengembangkan konsep *muraqabah*, yaitu kesadaran bahwa Tuhan selalu mengawasi seluruh perbuatan manusia. Menurutnya, keyakinan ini akan mendorong seseorang untuk bertindak secara benar meskipun tidak ada orang lain yang melihatnya. Muraqabah membuat seseorang lebih berhati-hati dalam mengambil keputusan, baik dalam ucapan maupun perilaku. Ia menegaskan bahwa kesadaran spiritual semacam ini akan menumbuhkan integritas moral yang kuat. Dengan demikian, konsep muraqabah menjadi instrumen penting dalam pembentukan karakter.

Dalam konteks pendidikan akhlak, Al-Ghazali memberikan penekanan pada pentingnya keteladanan. Ia berpendapat bahwa nilai moral tidak hanya dapat ditransmisikan melalui ceramah atau teori, tetapi terutama melalui contoh nyata. Menurutnya, seorang pendidik harus menampilkan perilaku yang konsisten dengan ajaran yang disampaikan, karena peserta didik cenderung meniru apa yang mereka lihat. Hal ini menunjukkan bahwa pendidikan moral memerlukan harmoni antara pengetahuan dan perbuatan. Pandangan ini sejalan dengan prinsip pendidikan modern yang menekankan karakter sebagai inti pembelajaran.

Dalam karyanya, Al-Ghazali juga menjelaskan bahwa akhlak yang buruk berasal dari hati yang tidak terjaga. Ia menggunakan istilah *qalbun maridh* untuk menggambarkan kondisi hati yang dipenuhi penyakit spiritual seperti iri, dengki, dan angkuh. Penyakit hati tersebut dapat merusak kepribadian dan mempengaruhi kualitas hubungan sosial seseorang. Oleh karena itu, ia merekomendasikan serangkaian metode penyembuhan batin, seperti memperbanyak istighfar, menghadiri majelis ilmu, dan memperkuat hubungan dengan Tuhan. Proses penyembuhan hati ini dianggap penting dalam mencapai keseimbangan spiritual.

Al-Ghazali juga memberikan perhatian terhadap persoalan kesederhanaan hidup sebagai bagian dari prinsip moral Islam. Ia mengkritik perilaku konsumtif dan kecenderungan manusia untuk mencari kemewahan yang berlebihan. Menurutnya, kesederhanaan tidak berarti menolak kenikmatan dunia, tetapi menempatkan penggunaan harta pada batas yang wajar. Kesederhanaan akan melatih manusia agar tidak diperbudak oleh keinginan materi yang tiada habisnya. Dengan demikian, prinsip ini berfungsi sebagai panduan etis agar manusia mampu menjaga keseimbangan antara kebutuhan duniawi dan kewajiban spiritual.

B. PERJALANAN KARIER AKADEMIK

Dalam pemikiran Al-Ghazali, salah satu aspek penting dalam kehidupan beragama adalah keseimbangan antara dimensi lahir dan batin. Ia menegaskan bahwa seseorang tidak dapat mencapai kesempurnaan spiritual apabila hanya berfokus pada ritual lahiriah tanpa memahami makna terdalamnya. Menurutnya, ibadah harus dijalankan dengan pemahaman serta kesadaran penuh agar mampu memberikan pengaruh positif terhadap kepribadian. Al-Ghazali menyatakan bahwa ritual yang dilakukan tanpa hati yang hadir hanya akan menjadi formalitas belaka. Oleh karena itu, ia mengajak manusia untuk memadukan praktik ibadah dengan pemurnian hati.

Al-Ghazali juga menyoroti pentingnya niat dalam setiap aktivitas kehidupan. Ia menjelaskan bahwa niat adalah ruh dari amal perbuatan, sehingga nilai suatu tindakan ditentukan oleh tujuan yang melatarbelakanginya. Dalam hal ini, ia menekankan bahwa amal yang baik harus dilandasi oleh keikhlasan, bukan untuk mendapatkan pujian maupun keuntungan duniawi. Ia menggambarkan bahwa niat yang tidak benar dapat mengubah perbuatan baik menjadi tindakan yang tidak bernilai ibadah. Pemikiran ini memperlihatkan betapa pentingnya kualitas batiniah dalam ajaran moral Al-Ghazali.

Dalam kerangka pendidikan moral, Al-Ghazali juga berbicara mengenai kebiasaan atau *'adah* sebagai faktor yang mempengaruhi pembentukan karakter. Ia berpendapat bahwa akhlak dapat dibentuk melalui pembiasaan yang dilakukan secara berulang dan konsisten. Dengan demikian, tindakan-tindakan baik yang awalnya terasa berat akan menjadi ringan apabila dilakukan terus-menerus. Pendekatan ini menunjukkan bahwa ia memahami aspek psikologis perilaku manusia dengan cukup mendalam. Konsep pembiasaan ini kemudian menjadi salah satu dasar pengembangan pendidikan karakter dalam dunia Islam.

Al-Ghazali juga mengemukakan bahwa ilmu yang bermanfaat adalah ilmu yang memberikan dampak positif bagi diri dan masyarakat. Ia membedakan antara ilmu yang membawa manusia kepada kedekatan dengan Tuhan dan ilmu yang hanya berorientasi pada kepentingan duniawi. Menurutnya, ilmu yang tidak menghasilkan perubahan moral justru bisa menjadi bumerang bagi pemiliknya. Ia mengingatkan bahwa seseorang yang berilmu tetapi tidak bermoral dapat menjadi sumber kerusakan di tengah masyarakat. Dengan demikian, ilmu harus disertai dengan tanggung jawab etis.

Dalam pandangannya mengenai kehidupan sosial, Al-Ghazali menegaskan pentingnya menjaga hubungan harmonis antarindividu. Ia melihat bahwa manusia adalah makhluk sosial yang tidak dapat hidup sendiri, sehingga diperlukan adab dalam berinteraksi. Hal ini mencakup kejujuran, empati, sopan santun, dan kemampuan mengendalikan emosi dalam hubungan sosial. Ia menekankan bahwa perilaku baik terhadap sesama merupakan cerminan dari kondisi hati yang bersih. Oleh sebab itu, kehidupan sosial menurut Al-Ghazali tidak dapat dipisahkan dari perkembangan spiritual seseorang.

Dalam pemikiran filosofisnya, Al-Ghazali membahas kedudukan akal sebagai salah satu anugerah terbesar yang diberikan Tuhan kepada manusia. Ia menyatakan bahwa akal merupakan instrumen penting untuk memahami wahyu dan menelaah ciptaan Tuhan. Namun, ia menegaskan bahwa akal memiliki batas tertentu dan tidak dapat dijadikan satu-satunya sumber kebenaran. Menurutnya, ketika akal tidak dibimbing oleh wahyu, maka ia dapat tersesat dalam spekulasi yang tidak membawa manfaat. Oleh karena itu, Al-Ghazali menempatkan akal dan wahyu sebagai dua komponen yang harus berjalan seiring.

Al-Ghazali juga mengkritik filsafat Yunani yang berkembang pada masanya, terutama pemikiran yang dianggap bertentangan dengan prinsip-prinsip dasar Islam. Ia menilai bahwa sebagian filsuf terjebak pada penggunaan rasio secara berlebihan hingga mengabaikan aspek spiritual. Meskipun demikian, ia tidak menolak filsafat secara mutlak, tetapi memilih untuk mengadopsi bagian-bagian yang dianggap sejalan dengan agama. Pendekatan kritis ini menunjukkan bahwa Al-Ghazali bersikap selektif dan tidak ekstrem dalam menghadapi tradisi intelektual luar. Sikap ini menjadikannya sebagai figur penengah antara pemikiran rasional dan spiritual.

Dalam karya *Tahafut al-Falasifah*, Al-Ghazali mengemukakan argumentasi yang mematahkan beberapa klaim utama filsuf sebelumnya. Ia menunjukkan bahwa beberapa argumen filosofis tidak memiliki dasar logika yang kuat dan bertentangan dengan ajaran wahyu. Melalui kritik tersebut, ia memperlihatkan bahwa kebenaran filosofis harus diuji kembali melalui sudut pandang teologis. Pemikirannya ini memicu perdebatan panjang tetapi sekaligus menghidupkan kembali diskursus intelektual dalam dunia Islam. Karya tersebut menjadi bukti bahwa Al-Ghazali memiliki kapasitas analitis yang tajam dan mendalam.

Meskipun sering dianggap sebagai tokoh yang melemahkan rasionalisme, Al-Ghazali sebenarnya memberikan landasan penting bagi perkembangan filsafat Islam. Ia menunjukkan bahwa rasio tetap memiliki posisi penting selama tidak bertentangan dengan wahyu. Pandangan ini pada akhirnya menginspirasi para pemikir setelahnya untuk mencari titik temu antara akal dan iman. Sikap moderat Al-Ghazali membantu menciptakan tradisi intelektual yang lebih harmonis antara kajian rasional dan spiritual. Oleh karena itu, kontribusinya terhadap perkembangan intelektual Islam tidak dapat dianggap sebelah mata.

Pemikiran Al-Ghazali mengenai hubungan antara akal dan wahyu memiliki pengaruh yang luas hingga zaman modern. Banyak akademisi yang menilai bahwa pandangan ini relevan dalam menghadapi tantangan dunia kontemporer, terutama dalam pertemuan antara sains dan agama. Ia menunjukkan bahwa agama tidak harus dipertentangkan dengan rasionalitas, melainkan dapat berjalan saling melengkapi. Pendekatan integratif inilah yang membuat pemikirannya mampu bertahan selama berabad-abad. Selain itu, pemikiran ini memberikan landasan metodologis bagi kajian keislaman yang lebih komprehensif.

C. KRISIS SPIRITUAL DAN TITIK PERUBAHAN HIDUP

Dalam membahas dimensi kejiwaan manusia, Al-Ghazali mengemukakan bahwa hati merupakan pusat dari seluruh aktivitas spiritual dan moral. Ia menjelaskan bahwa hati bukan sekadar organ fisik, melainkan entitas metafisik yang menjadi tempat bersemayamnya kesadaran, niat, dan pengetahuan. Menurutnya, kesehatan hati menentukan kualitas perilaku dan akhlak seseorang. Ketika hati berada dalam kondisi bersih, maka perbuatan manusia akan memancarkan kebaikan. Sebaliknya, hati yang kotor akan melahirkan perilaku yang menyimpang dari nilai-nilai moral.

Al-Ghazali membagi kondisi hati manusia menjadi tiga kategori utama: hati yang sehat, hati yang sakit, dan hati yang mati. Hati yang sehat adalah hati yang mampu mengenali kebenaran dan tunduk kepada petunjuk Tuhan. Hati yang sakit merupakan hati yang masih memiliki potensi untuk berubah, namun dipenuhi oleh keraguan dan kecenderungan negatif. Sedangkan hati yang mati adalah hati yang tidak lagi peka terhadap nilai-nilai kebenaran dan larut dalam kemaksiatan. Klasifikasi ini membantu manusia mengenali posisi spiritualnya dan berusaha melakukan perbaikan diri.

Untuk menjaga kesehatan spiritual, Al-Ghazali menawarkan berbagai metode pembersihan hati, salah satunya dengan meningkatkan kualitas ibadah. Ia menegaskan bahwa ibadah bukan hanya kewajiban ritual, tetapi juga sarana untuk mendidik jiwa agar selalu terhubung dengan Tuhan. Melalui ibadah yang dilakukan secara konsisten dan penuh penghayatan, hati manusia dapat terbebas dari sifat sombong, serakah, dan lalai. Ia mengungkapkan bahwa intensitas ibadah sangat berpengaruh terhadap ketenangan batin. Karena itu, menjaga kualitas ibadah merupakan langkah penting dalam memperbaiki kondisi hati.

Selain ibadah, Al-Ghazali juga menekankan pentingnya zikir sebagai bentuk latihan spiritual untuk menjaga kepekaan hati. Ia menjelaskan bahwa zikir mampu melembutkan hati dan menjauhkan manusia dari kelalaian duniawi. Zikir berfungsi sebagai pengingat bahwa manusia selalu berada dalam pengawasan Tuhan dan tidak memiliki kekuatan apa pun tanpa pertolongan-Nya. Dalam kerangka ini, zikir menjadi sarana untuk memperkuat hubungan manusia dengan aspek ketuhanan. Al-Ghazali menyatakan bahwa hati yang sering berzikir akan lebih mudah menerima cahaya kebenaran.

Al-Ghazali juga menekankan bahwa lingkungan sosial memiliki pengaruh besar terhadap kondisi hati dan perilaku manusia. Ia menyarankan agar seseorang memilih lingkungan pergaulan yang positif dan menjauhi teman yang dapat membawa pada tindakan buruk. Menurutnya, karakter seseorang dapat terbentuk melalui interaksi sosial yang berulang, sehingga pergaulan harus dipilih dengan bijak. Lingkungan yang baik akan membantu seseorang memperkuat moralitas dan disiplin spiritual. Dengan demikian, menjaga lingkungan sosial merupakan bagian integral dari proses pembinaan akhlak.

SUHRAWARDI SANG GURU ILLUMINASI & KEBIJAKSANAAN TIMUR

ABSTRAK

Penelitian ini membahas pemikiran Syihabuddin Suhrawardi, pendiri Filsafat Iluminasi (Hikmat al-Ishraq), sebagai salah satu tokoh penting dalam tradisi filsafat Islam yang mengintegrasikan rasionalitas, spiritualitas, dan kebijaksanaan kuno Persia. Latar belakang kajian ini berangkat dari kebutuhan memahami kontribusi filosofis yang menggabungkan pendekatan logis dan intuitif dalam melihat hakikat realitas. Tujuan penelitian adalah menguraikan aspek biografis, epistemologi, metafisika cahaya, metode spiritual, serta kontribusi Suhrawardi terhadap kebijaksanaan Timur dan perkembangan filsafat Islam. Metode yang digunakan adalah studi kepustakaan melalui analisis teks komprehensif terhadap karya-karya sekunder mengenai Suhrawardi. Hasil penelitian menunjukkan bahwa Suhrawardi menawarkan epistemologi pengetahuan hadir ('ilm al-hudhuri), metafisika cahaya sebagai struktur ontologis hierarkis, serta integrasi rasio dan intuisi sebagai jalan memperoleh kebenaran. Filsafatnya berpengaruh besar terhadap perkembangan filsafat Persia, terutama pada pemikiran Mulla Sadra dan tradisi teosofi transendental. Kesimpulannya, filsafat iluminasi Suhrawardi menghadirkan paradigma holistik yang memadukan akal, spiritualitas, dan simbolisme cahaya sebagai dasar memahami realitas, sehingga relevan bagi pengembangan filsafat dan spiritualitas kontemporer..

Kata Kunci: Suhrawardi, Filsafat Illuminasi, Hikmah al-ishraq, Metafisika Cahaya, 'Ilm al-Hudhuri, Epistemologi Islam, Kebijakan Timur, Transformasi Spiritual, FIlsafat Islam, Tradisi Persia

ABSTRACT

This study examines the thought of Shihabuddin Suhrawardi, the founder of Illuminationist Philosophy (Hikmat al-Ishraq), as a pivotal figure in Islamic intellectual history who integrates rationality, spirituality, and ancient Persian wisdom. The background of this research lies in the need to understand a philosophical system that bridges logical reasoning and intuitive insight in grasping the nature of reality. The study aims to explore Suhrawardi's biography, his epistemology of presential knowledge ('ilm al-hudhuri), his metaphysics of light, his spiritual methodology, and his contributions to Eastern wisdom and the development of Islamic philosophy. The method employed is library research through comprehensive textual analysis of secondary sources on Suhrawardi. The results show that Suhrawardi proposes an ontology grounded in hierarchical degrees of light, an epistemology that emphasizes direct inner illumination, and a synthesis of reason and intuition as paths to truth. His ideas significantly influenced later Persian philosophical traditions, especially the works of Mulla Sadra and the school of transcendent theosophy. In conclusion, Suhrawardi's illuminationist philosophy provides a holistic paradigm that unifies intellect, spirituality, and symbolic metaphysics of light, making it highly relevant to contemporary philosophical and spiritual discourse.

Keywords: Suhrawardi, Illuminationist Philosophy, Hikmat al-ishraq, Metaphysics of Light, Knowledge by Presence, Islamic Epistemology, Eastern Wisdom, Spiritual Transformation, Islamic Philosophy, Persian Tradition

BAB I

PENDAHULUAN

1.1 PENDAHULUAN

Kajian terhadap tokoh-tokoh dalam filsafat Islam merupakan salah satu upaya penting dalam memahami perkembangan intelektual peradaban Islam. Pemikiran mereka tidak hanya berkontribusi pada ranah teoretis dalam bidang metafisika, epistemologi, dan etika, tetapi juga memberikan pengaruh besar dalam pembentukan tradisi keilmuan yang menghubungkan rasionalitas dengan spiritualitas. Dalam konteks ini, filsuf-filsuf pemikir besar seperti Al-Farabi, Ibn Sina, Al-Ghazali, hingga Suhrawardi menjadi fondasi pemikiran yang terus dikaji dan dikembangkan hingga saat ini.

Salah satu tokoh sentral dalam sejarah filsafat Islam adalah Syihabuddin Suhrawardi, yang dikenal sebagai Sang Guru Iluminasi dan pendiri mazhab Hikmat al-Ishraq (Filsafat Iluminasi). Suhrawardi membawa angin segar dalam tradisi filsafat Timur dengan menyatukan warisan filsafat peripatetik, spiritualitas sufistik, serta kebijaksanaan kuno Persia dalam sebuah sistem filsafat yang berbasis pada simbolisme cahaya. Gagasannya menekankan bahwa kebenaran tertinggi dapat dicapai melalui penyinaran batin atau iluminasi, bukan sekadar melalui penalaran logis. Oleh karena itu, ia dianggap sebagai pembaharu yang berperan besar dalam mengembalikan identitas dan kedudukan Timur sebagai pusat spiritual dan intelektual.

Artikel ini bertujuan untuk membahas secara lebih mendalam pemikiran Suhrawardi, terutama dari sisi epistemologi dan metafisikanya yang didasarkan pada konsep cahaya sebagai hakikat realitas. Selain itu, artikel ini juga berupaya menelusuri pengaruh pemikirannya terhadap perkembangan filsafat Islam, baik pada masa setelah Suhrawardi maupun relevansinya bagi diskursus filsafat kontemporer. Dengan memahami pemikiran Suhrawardi secara komprehensif, diharapkan pembaca memperoleh gambaran lebih jelas mengenai kontribusi besar tokoh ini sebagai jembatan antara rasionalitas dan iluminasi dalam tradisi keilmuan Islam.

Suhrawardi al-Maqtul merupakan salah satu tokoh sentral dalam sejarah filsafat Islam yang memadukan kecemerlangan intelektual dengan kedalaman spiritualitas. Ia lahir pada tahun 1154 M di kota Suhraward, Persia, dalam suasana peradaban Islam yang tengah berada pada masa transisi intelektual. Sejak masa mudanya, Suhrawardi menunjukkan ketertarikan yang mendalam terhadap berbagai cabang ilmu pengetahuan, terutama filsafat dan tasawuf. Ia menempuh pendidikan di Maragha dan kemudian melanjutkan perjalanan intelektualnya ke berbagai kota penting seperti Isfahan dan Aleppo. Di sana, ia mendalami filsafat peripatetik yang bercorak Aristotelian, tradisi rasional yang telah lebih dahulu dikembangkan oleh tokoh seperti Ibn Sina. Namun, berbeda dari pemikir peripatetik yang mengutamakan nalar sebagai jalan utama memperoleh pengetahuan, Suhrawardi justru memandang bahwa akal memiliki keterbatasannya. Ia melihat bahwa puncak kebenaran tidak bisa dicapai hanya melalui penalaran konsep dan logika semata, tetapi melalui penyinaran batin—sebuah pengalaman spiritual langsung yang membuka hakikat realitas secara lebih utuh. Pemikiran inilah yang kemudian membentuk dasar dari filsafatnya yang dikenal sebagai Hikmat al-Ishraq atau filsafat iluminasi. Akan tetapi, gagasannya yang dianggap melawan arus ortodoksi filsafat saat itu memunculkan kecemasan politik dan agama. Suhrawardi dipandang terlalu progresif, terutama karena menghidupkan kembali tradisi kebijaksanaan Persia kuno yang kala itu dinilai dapat mengancam hegemonik pemikiran yang dominan. Otoritas politik akhirnya menjatuhkan hukuman mati padanya pada tahun 1191 M atas tuduhan sesat, sehingga ia dikenal sebagai al-Maqtul atau "yang dibunuh", sekaligus menjadi simbol keteguhan kebenaran dan keberanian intelektual dalam dunia Islam.

Pemikiran Suhrawardi menandai tonggak kebangkitan filsafat Timur karena ia tidak sekadar melanjutkan tradisi pemikiran sebelumnya, tetapi melakukan sintesis filosofis yang sangat mendalam. Melalui Filsafat Iluminasi, ia menolak dominasi filsafat Aristotelian murni yang dianggap terjebak dalam kerangka logika yang kaku dan terpisah dari spiritualitas manusia. Konsep utama yang ia tawarkan adalah ishraq, yang secara harfiah berarti "penyinaran cahaya terbit", melambangkan pencerahan batin yang muncul dari sumber realitas tertinggi. Dalam sistem epistemologinya, Suhrawardi memperkenalkan 'Ilm al-Hudhuri atau pengetahuan hadir, yakni pengetahuan yang diperoleh langsung tanpa perantara konsep dan representasi mental. Pengetahuan ini merupakan hasil dari penyatuan antara subjek yang mengetahui dengan objek yang diketahui, sehingga keduanya hadir dalam kesadaran secara sekaligus. Ia menegaskan bahwa pengetahuan tertinggi tidak bersifat proposisional, tetapi merupakan pengalaman kehadiran sesuatu dalam jiwa melalui cahaya kebenaran. Inilah yang membedakan pemikirannya dari epistemologi rasional Barat yang cenderung berorientasi pada definisi abstrak. Suhrawardi kemudian memadukan pengetahuan rasional dengan intuisi mistik, sehingga pemikiran filsafatnya tidak hanya bersifat teoritis, tetapi juga mengandung tuntunan spiritual menuju penyempurnaan jiwa. Dalam hal ini, filsafat tidak lagi sekadar menjadi kajian logis, tetapi juga merupakan proses transformasi diri dan perjalanan menuju kemurnian rohani.

Metafisika Suhrawardi didasarkan pada prinsip ontologis bahwa hakikat seluruh wujud adalah cahaya. Segala yang ada merupakan pancaran dari Cahaya Murni, yaitu Tuhan sebagai sumber eksistensi tertinggi. Realitas dipahami melalui gradasi cahaya: semakin tinggi tingkat keterpencahayaan, semakin sempurna eksistensinya. Sebaliknya, segala bentuk kegelapan menunjukkan keterbatasan dan jauhnya sesuatu dari sumber cahaya. Dalam struktur ontologi ini, malaikat digambarkan sebagai entitas cahaya yang berada pada tingkat tertinggi setelah Tuhan, kemudian jiwa manusia sebagai cahaya yang terkurung dalam kegelapan materi, dan pada tingkat terendah adalah materi murni yang hampir tanpa cahaya. Dengan demikian, hierarki wujud pada Suhrawardi memiliki ciri spiritual dan simbolik yang kuat. Filsafat iluminasi menekankan bahwa tujuan akhir kehidupan manusia adalah kembali menuju Cahaya Murni, melalui penyucian jiwa dan pencerahan batin. Ia mengajarkan bahwa akal harus dimurnikan melalui disiplin spiritual seperti mujahadah (perjuangan melawan hawa nafsu) dan kasyf (penyingkapan batin). Metode ini menunjukkan pengaruh yang kuat dari tasawuf serta neoplatonisme, khususnya dalam gagasan emanasi cahaya dan perjalanan jiwa menuju kesempurnaan. Dengan menggabungkan pembuktian rasional dan pengalaman spiritual, Suhrawardi mengubah arah filsafat Islam dari yang sebelumnya terlalu menekankan logika menuju penghayatan eksistensial yang lebih mendalam. Ia berhasil menampilkan filsafat sebagai ilmu yang mampu menggambarkan realitas tidak hanya secara intelektual, tetapi juga secara kosmis dan mistis.

Kontribusi Suhrawardi terhadap kebijaksanaan Timur sangat besar, karena ia menghidupkan kembali tradisi Hikmat al-Fahlawiyyah, yaitu warisan pemikiran Persia pra-Islam yang sarat simbolisme cahaya dan spiritualitas kosmis. Melalui filsafat iluminasi, ia menempatkan Timur bukan hanya sebagai pusat geografis, tetapi sebagai pusat pencerahan rohani umat manusia. Pemikirannya berhasil memadukan tiga arus utama filsafat: kejeniusan logis dari filsafat Yunani, kekayaan spiritual dari tasawuf Islam, dan kearifan kuno Persia yang penuh nilai simbolik. Suhrawardi menjadi sosok yang memperjuangkan identitas filosofis dunia Islam dengan meneguhkan bahwa sumber pengetahuan dan spiritualitas tidak harus selalu datang dari Barat, melainkan dapat ditemukan dari kedalaman budaya Timur. Tidak mengherankan jika pemikirannya banyak mempengaruhi tokoh besar setelahnya, seperti Mulla Sadra dalam filsafat Transendental yang mengembangkan prinsip gerak substansial berdasarkan teori cahaya Suhrawardi. Bahkan pada masa modern, filsafat iluminasi tetap relevan dalam diskursus tentang kesadaran, spiritualitas, dan hubungan antara manusia dengan realitas metafisik. Pemikirannya mengajarkan bahwa akal dan hati tidak boleh dipisahkan dalam pencarian kebenaran hakiki. Suhrawardi dengan demikian menjadi jembatan besar antara filsafat rasional dan filsafat iluminatif, antara ilmu dan iman, antara logika dan pencerahan batin. Oleh sebab itu, memahami Suhrawardi berarti memahami sebuah warisan intelektual yang sangat kaya, yang menegaskan bahwa pencerahan sejati hanya dapat diraih melalui perpaduan antara pengetahuan, penyucian diri, dan keberanian untuk menembus batas kegelapan menuju sumber cahaya yang abadi

1.2 METODE PENELITIAN

Artikel ini menggunakan pendekatan kualitatif dengan jenis penelitian *narrative research.* Narrative research merupakan penelitian kualitatif dimana peneliti melakukan studi terhadap satu orang individu atau lebih untuk mendapatkan data tentang sejarah perjalanan dalam kehidupannya, dimana dalam artikel ini meneliti tentang tokoh filosof Suhrawardi yang berangkat dari latar belakang pribadi, karya hingga pemikiran yang dihasilkan. Adapun dalam perolehan data penulis menghimpun dari berbagai referensi secara kepustakaan yang bersumber dari, jurnal, dan sumber lain yang relevan dengan tema yang dibahas, yang selanjutnya dijabarkan dalam bentuk analisis deskriptif naratif, yakni penyajian data secara runtut sesuai kronologi hidup dan pemikiran Suhrawardi. Analisis ini bertujuan untuk mengungkap pola, hubungan, dan kontribusi pemikiran tokoh tersebut dalam konteks filsafat Islam, sekaligus menyoroti perkembangan intelektual yang membentuk karya-karyanya. Pendekatan ini dipilih agar pembaca dapat memahami secara menyeluruh perjalanan hidup, karya, dan pemikiran Suhrawardi dari berbagai sumber literatur yang telah dihimpun, sehingga menghasilkan pemahaman yang komprehensif dan sistematis.

BAB II

HASIL DAN PEMBAHASAN

2.1 BIOGRAFI SUHRAWARDI

Suhrawardi al-Maqtul, atau secara lengkap Syihabuddin Yahya ibn Habasy ibn Amirak al-Suhrawardi, merupakan salah satu tokoh besar dalam sejarah filsafat Islam yang memberikan warna baru dalam pengembangan ilmu pengetahuan dan spiritualitas. Ia lahir pada tahun 1154 M di wilayah Suhraward, Persia, dalam konteks kebudayaan Islam yang tengah tumbuh dengan pesat dalam berbagai sektor, termasuk filsafat, teologi, dan sufisme. Dari masa mudanya, Suhrawardi telah menunjukkan kecenderungan kuat terhadap ilmu-ilmu rasional sekaligus spiritual, sehingga ia tertarik memperluas pengetahuan dengan belajar ke berbagai pusat keilmuan terkemuka pada zamannya. Ia memulai pendidikan dasar di kampung halamannya sebelum melanjutkan studi ke kota Maragha, lalu ke Isfahan kota yang ketika itu menjadi pusat peradaban ilmu dan filsafat (Ichsan, 2023). Di sana ia mempelajari filsafat peripatetik yang dipengaruhi oleh Aristoteles dan elaborasi Ibn Sina. Akan tetapi, Suhrawardi tidak berhenti pada filsafat logis semata; ia merasa bahwa kebenaran sejati tak dapat dijelaskan hanya dengan konsep-konsep rasional yang terbatas. Oleh karena itu, selama perjalanan intelektualnya, ia juga menyelami tasawuf dan mengalami berbagai latihan spiritual yang memperkuat pemahamannya akan hubungan antara manusia dan realitas ilahi. Di samping itu, Suhrawardi menaruh minat besar pada hikmat kuno Persia, yakni ajaran filosofi dan mitologi pra-Islam yang memuat simbolisme cahaya sebagai prinsip kosmik utama. Sejak saat itu, ia berkembang menjadi pemikir yang unik dan berbeda dari arus utama filsafat Islam yang terlalu condong kepada logika Barat. Dengan mengintegrasikan filsafat peripatetik, tasawuf, dan kebijaksanaan Timur kuno, Suhrawardi berhasil membangun fondasi filosofinya sendiri yang kemudian dikenal sebagai Hikmat al-Ishraq atau Filsafat Iluminasi (Maulana & Arsyi, 2021).

Pemikiran Suhrawardi muncul pada masa ketika perdebatan antara kaum rasionalis dan teolog sangat kuat, dan filsafat sendiri berada dalam tekanan politik. Pada masa itu, filsafat seringkali dicurigai sebagai ancaman terhadap otoritas keagamaan karena dianggap membuka ruang bagi interpretasi yang bebas dan kritis terhadap doktrin-doktrin mapan. Meski demikian, Suhrawardi berani tampil sebagai pembaharu pemikiran dan menyampaikan kritik tajam terhadap filsafat Aristotelian yang dianggap mengebiri dimensi ruhaniah manusia. Menurutnya, realitas tidak hanya terdiri dari bentuk dan materi sebagaimana dijelaskan Aristoteles, tetapi juga memiliki dimensi cahaya yang tak terjangkau oleh pancaindra maupun nalar terbatas. Pandangannya ini kemudian memperkuat gagasan bahwa pengetahuan tertinggi tidak hanya dapat diperoleh melalui penalaran logika, melainkan juga melalui penyingkapan batin atau kasyf. Dengan demikian, epistemologi yang ia bangun tidak bersifat dualistik melainkan integratif, menggabungkan akal dan intuisi spiritual dalam memahami kebenaran. Dari sinilah muncul konsep penting dalam filsafat Suhrawardi yaitu 'Ilm al-Hudhuri, yakni pengetahuan yang langsung hadir dalam jiwa tanpa membutuhkan representasi atau abstraksi. Pengetahuan hadir ini merupakan refleksi kesadaran terhadap realitas cahaya yang menerangi batin manusia. Konsep ini bertolak belakang dengan pengetahuan husuli dalam tradisi peripatetik yang sangat bertumpu pada abstraksi mental yang bersifat konseptual. Dalam Hikmat al-Ishraq, puncak kebenaran hanya dapat diraih melalui pencerahan spiritual setelah akal bekerja maksimal. Sehingga, filsafat iluminasi tidak sekadar menjadi cabang ilmu teoretis, melainkan jalan transformasi batin menuju kesempurnaan jiwa.

Selain menjadi pelopor dalam pembentukan kerangka epistemologi pencerahan, Suhrawardi juga mengembangkan metafisika berdasarkan ontologi cahaya, sebuah konsep yang menjadi struktur fundamental dari seluruh filsafatnya. Menurut Suhrawardi, hakikat setiap wujud adalah cahaya, sedangkan kegelapan merupakan kondisi kurangnya cahaya. Cahaya tertinggi adalah Tuhan sebagai sumber keberadaan seluruh alam, dan dari-Nya mengalir berbagai tingkat realitas dalam bentuk hirarki cahaya. Malaikat menempati tingkatan cahaya tertinggi setelah Tuhan, sementara jiwa manusia berada pada posisi yang lebih rendah karena terikat oleh tubuh materi yang bersifat gelap. Materi sendiri dianggap sebagai bentuk kegelapan yang paling jauh dari sumber cahaya. Hirarki ini menunjukkan bahwa semakin tinggi realitas itu dalam kedekatannya dengan cahaya Ilahi, semakin kuat eksistensinya. Oleh karena itu, perjalanan spiritual manusia merupakan proses kembali dari kegelapan menuju cahaya murni—suatu gerak pendakian eksistensial menuju tingkat wujud tertinggi. Dalam konteks ini, kehidupan dunia bukan tujuan akhir, melainkan fase perjuangan jiwa untuk melepaskan diri dari bayang-bayang kegelapan. Filsafat iluminasi juga mengajarkan bahwa manusia wajib menyelaraskan antara intelek dan kemurnian batin, karena keduanya adalah sarana yang akan menyinari jalan kembali menuju Tuhan. Pemikiran ini memperlihatkan adanya pengaruh kuat dari mistisisme Islam dan neoplatonisme, namun Suhrawardi memperkaya semua itu dengan simbolisme cahaya khas Persia kuno yang menjadikan sistem metafisiknya berbeda dan lebih mendalam secara spiritual. Keselarasan antara akal yang tercerahkan dan kesucian jiwa merupakan fondasi praktis dalam filsafat iluminasi sehingga filsafat tidak lagi hanya menjadi kegiatan berpikir, tetapi juga ibadah dan jalan penyelamatan diri manusia.

Perjalanan intelektual Suhrawardi yang progresif tersebut membuatnya dikenal sebagai sosok reformis pemikiran dalam dunia filsafat Islam. Namun, keberanian intelektual dan keterbukaannya terhadap hikmat pra-Islam dinilai mengancam stabilitas otoritas teologis dan politik. Saat ia menetap di Aleppo di bawah perlindungan putra Sultan Salahuddin al-Ayyubi, Suhrawardi semakin aktif menyampaikan gagasannya melalui karya dan pengajaran kepada murid-muridnya. Ketajaman argumen serta keberhasilan filsafat iluminasi dalam menarik perhatian banyak intelektual muda justru membuat para ulama konservatif merasa terancam. Mereka menuduhnya menyebarkan ajaran sesat dan merusak kemurnian akidah. Akibat tekanan dan fitnah tersebut, Suhrawardi akhirnya dijatuhi hukuman mati pada tahun 1191 M. Dengan wafatnya secara tragis, ia kemudian dikenang sebagai martir intelektual, seseorang yang mempertahankan prinsip kebenaran meskipun harus mengorbankan nyawanya. Warisan pemikirannya kemudian tetap hidup dalam tradisi filsafat Islam terutama di wilayah Persia dan menjadi inspirasi bagi tokoh besar seperti Mulla Sadra yang mengembangkan filsafat transendental dengan mengintegrasikan prinsip gerak substansial ke dalam illuminasi. Hingga saat ini, Suhrawardi dipandang sebagai jembatan penting yang menghubungkan rasionalitas dan spiritualitas, serta sebagai sosok yang berhasil meneguhkan kembali posisi Timur sebagai sumber kebijaksanaan filosofis yang mendalam. Pemikirannya terbukti tetap relevan dalam perbincangan modern mengenai kesadaran, spiritualitas, dan pencarian kebenaran, karena ia memberikan pesan bahwa akal dan hati seharusnya tidak diposisikan secara bertentangan, melainkan saling melengkapi dalam menyingkap hakikat kehidupan.

2.2 DASAR PEMIKIRAN FILSAFAT ILUMINASI (HIKMAT AL-ISHRAQ)

Filsafat Iluminasi, atau Hikmat al-Ishraq, merupakan salah satu tonggak penting dalam sejarah pemikiran Islam yang diperkenalkan oleh Syihabuddin Yahya al-Suhrawardi pada abad ke-12 Masehi. Secara etimologis, istilah Ishraq berasal dari bahasa Arab yang berarti "cahaya terbit" atau "penyinaran", yang mencerminkan prinsip dasar filsafat ini. Dalam kerangka pemikiran Suhrawardi, pemahaman hakiki tentang realitas tidak dapat dicapai semata-mata melalui penalaran logis atau deduksi konseptual. Sebaliknya, pengetahuan yang autentik dan transformatif diperoleh melalui pengalaman intuitif dan penyinaran batin (illumination), di mana akal dan hati bekerja secara sinergis untuk menangkap hakikat eksistensi. Dengan kata lain, kebenaran dalam filsafat Iluminasi bersifat ganda: hadir melalui rasio dan logika, sekaligus melalui cahaya batin yang memungkinkan manusia menyadari realitas secara langsung dan mendalam (Mursalina et al., 2025).

Suhrawardi menegaskan bahwa cahaya merupakan prinsip metafisika yang fundamental, yang mendasari seluruh wujud di alam semesta. Setiap entitas kosmis pada hakikatnya adalah manifestasi cahaya, dengan intensitas yang bervariasi. Semakin murni intensitas cahaya yang dimiliki suatu entitas, semakin dekat entitas tersebut dengan sumber tertinggi, yaitu Cahaya Ilahi. Oleh karena itu, pencapaian pengetahuan tertinggi tidak hanya bergantung pada kemampuan akal, tetapi memerlukan hubungan langsung dengan Cahaya Murni (Rosul, 2023). Konsep ini menekankan dimensi transendental dari pengetahuan, di mana pengalaman langsung terhadap realitas cahaya menjadi landasan bagi pemahaman metafisis yang mendalam.

Dalam mengembangkan filsafat Iluminasi, Suhrawardi juga mengajukan kritik sistematis terhadap pendekatan Peripatetik atau Aristotelianisme yang dominan pada zamannya, terutama yang diadaptasi oleh pemikir Muslim seperti Ibn Sina. Menurut Suhrawardi, filsafat peripatetik terlalu menekankan logika deduktif, abstraksi konseptual, dan analisis formal, sehingga pengetahuan yang dihasilkan seringkali terbatas pada konstruksi mental yang tidak selalu mencerminkan hakikat realitas. Pendekatan semata-mata rasional ini, menurutnya, mengabaikan dimensi spiritual dan pengalaman batin, yang justru menjadi sumber pengetahuan autentik. Kritik ini bukan penolakan terhadap rasio, tetapi sebuah usaha untuk memperluas cakrawala epistemologis dengan memasukkan pengalaman intuitif dan spiritual sebagai komponen sah dalam pencapaian kebenaran (Kartanegara, 2022). Dengan demikian, Suhrawardi menawarkan pendekatan transformatif: pengetahuan konseptual tetap penting, namun pengetahuan tertinggi hanya dapat dicapai melalui pengalaman langsung yang menghubungkan jiwa manusia dengan Cahaya Ilahi.

Hikmat al-Ishraq sendiri merupakan sintesis dari tiga sumber utama pemikiran. Pertama, rasionalisme filosofis yang memberikan kerangka bagi penalaran sistematis, pengembangan argumen logis, dan pemahaman keteraturan kosmos. Kedua, intuisi mistik sufistik yang menekankan pengalaman langsung manusia dalam menyadari Tuhan dan hakikat eksistensi, di mana jiwa berinteraksi dengan realitas spiritual secara langsung. Ketiga, simbolisme cahaya yang diambil dari tradisi kearifan Persia kuno serta pengaruh Neo-Platonisme, yang menempatkan cahaya sebagai prinsip metafisika universal. Dalam perspektif Suhrawardi, kebenaran tidak hanya diperoleh melalui proses diskursif dan deduktif, tetapi juga melalui kasyf, yakni penyingkapan batin yang muncul melalui penyucian jiwa dan latihan spiritual. Oleh karena itu, filsafat Iluminasi bukan sekadar rangkaian premis logis, tetapi merupakan perjalanan eksistensial di mana akal dan hati bekerja bersama untuk memperoleh pemahaman mendalam mengenai realitas.

Salah satu inovasi epistemologis terpenting Suhrawardi adalah konsep 'Ilm al-Hudhuri atau pengetahuan hadir. Pengetahuan hadir menekankan bahwa kebenaran sejati bukan sekadar representasi mental atau konstruksi konseptual yang diperoleh melalui inferensi, melainkan kehadiran langsung objek dalam kesadaran subjek. Misalnya, pengetahuan tentang keberadaan diri sendiri tidak diperoleh melalui logika deduktif, melainkan karena subjek secara langsung mengalami kehadiran dirinya. Pengetahuan jenis ini bersifat intuitif, langsung, dan autentik, tanpa perantara simbol atau bahasa. Dengan demikian, 'Ilm al-Hudhuri memiliki nilai epistemik yang lebih tinggi dibandingkan 'Ilm al-Hushuli, yang bersifat konseptual, abstrak, dan rentan terhadap kesalahan persepsi. Dalam tradisi Suhrawardi, para nabi, wali, dan orang arif memperoleh pengetahuan melalui penyinaran cahaya ilahi yang hadir langsung dalam jiwa mereka, sehingga pengalaman pengetahuan ini bersifat absolut dan tidak dapat diganggu oleh kesalahan interpretasi. Konsep ini kemudian menjadi fondasi bagi filsafat transendental Persia selanjutnya, termasuk karya-karya Mulla Shadra, yang menekankan kehadiran dan iluminasi sebagai aspek penting dalam epistemologi.

Selain dimensi epistemologis, filsafat Iluminasi juga menekankan nilai spiritual dan etis. Suhrawardi menegaskan bahwa filsafat sejati adalah perjalanan spiritual di mana akal yang jernih harus dipadukan dengan hati yang bersih dan batin yang suci. Dalam beberapa karyanya, ia menggunakan simbolisme, alegori, dan narasi yang menggambarkan perjalanan jiwa menuju cahaya ilahi. Hal ini menunjukkan bahwa filsafat tidak hanya bersifat teoretis, tetapi juga praktis, berfungsi sebagai panduan moral dan spiritual bagi manusia. Melalui integrasi antara rasio dan intuisi, Hikmat al-Ishraq membangun paradigma keseimbangan antara kecerdasan intelektual dan kepekaan batin, di mana pencapaian kebijaksanaan sejati adalah hasil keselarasan antara akal dan cahaya hati (Shabuddin & Badaruddin, 2019).

Dengan dasar pemikiran ini, Suhrawardi menempatkan filsafat Iluminasi tidak sekadar sebagai sistem metafisika, tetapi sebagai jalan hidup yang memandu manusia dalam pencarian kebenaran hakiki dan kebijaksanaan. Ia menegaskan bahwa ilmu dan spiritualitas tidak dapat dipisahkan, karena kebenaran tertinggi mencakup seluruh aspek eksistensi manusia (Niknafs, 2024). Hikmat al-Ishraq, melalui sintesis rasionalitas, intuisi mistik, dan simbolisme cahaya, menunjukkan bahwa tradisi filsafat Islam mampu menggabungkan argumentasi logis dengan pengalaman batin yang mendalam. Pemikiran ini menghasilkan filsafat yang tidak hanya cerdas secara intelektual, tetapi juga kaya secara spiritual dan moral, memberikan kontribusi abadi bagi tradisi pemikiran Timur dalam menekankan kesatuan antara pengetahuan, moralitas, dan pengalaman batin sebagai landasan pencapaian kehidupan yang bermakna.

2.3 KONSEP CAHAYA DALAM METAFISIKA SUHRAWARDI

Konsep cahaya merupakan fondasi ontologis yang paling penting dalam filsafat Iluminasi (Hikmat al-Ishraq) yang dirumuskan oleh Syihabuddin Yahya al-Suhrawardi pada abad ke-12 M. Dalam pandangan Suhrawardi, hakikat seluruh realitas bukanlah materi atau substansi abstrak semata, melainkan cahaya (nūr) dalam berbagai tingkatan intensitas. Cahaya ini dipahami sebagai entitas yang paling nyata, eksistensinya mandiri, tidak memerlukan definisi lain untuk menjelaskan dirinya, dan dapat ditangkap langsung oleh kesadaran manusia melalui pengalaman batin (Ihsan et al., 2024) Dengan kata lain, cahaya adalah prinsip ontologis yang absolut, menjadi sumber eksistensi bagi segala sesuatu yang ada, serta menjadi ukuran kebenaran dan kesempurnaan suatu entitas. Konsep ini menandai perbedaan mendasar dengan filsafat Peripatetik, di mana hakikat wujud lebih banyak dianalisis melalui kategori materi dan bentuk. Suhrawardi menekankan bahwa realitas dapat dipahami secara hierarkis melalui intensitas cahaya, sehingga semakin tinggi tingkat cahayanya, semakin sempurna eksistensi entitas tersebut.

Di puncak hierarki ini terdapat Cahaya Murni (Nūr al-Anwār), yang merupakan sumber seluruh keberadaan dan identik dengan Tuhan. Cahaya Murni adalah wujud yang tidak memiliki kekurangan sedikit pun, sepenuhnya mandiri, dan tidak bergantung pada sebab eksternal apapun. Sebagai pusat kesempurnaan, Cahaya Murni tidak hanya menjadi prinsip penciptaan tetapi juga prinsip pemeliharaan dan orientasi spiritual bagi seluruh makhluk. Dalam konteks metafisika Suhrawardi, Tuhan atau Cahaya Murni adalah titik fokus dari semua manifestasi eksistensi, dan semua wujud lain, baik yang immaterial maupun material, merupakan refleksi atau tingkatan dari cahaya-Nya. Hal ini menunjukkan bahwa pandangan Suhrawardi menggabungkan konsep monoteistik dengan struktur kosmologi yang berlapis, di mana segala sesuatu yang ada berada dalam hubungan eksistensial yang terarah menuju sumber cahaya tertinggi.

Di bawah Cahaya Murni terdapat tingkatan cahaya malaikat (al-anwār al-qāhirah), yakni entitas immaterial yang memiliki kedekatan eksistensial dengan Tuhan. Malaikat dalam pandangan Suhrawardi bukan sekadar makhluk normatif, melainkan pengatur kosmos spiritual yang berfungsi sebagai perantara antara Cahaya Murni dan ciptaan lainnya. Mereka berperan dalam menjaga keteraturan alam semesta dan menyalurkan pancaran cahaya Tuhan ke tingkat eksistensi yang lebih rendah. Tingkatan ini menunjukkan adanya hubungan hierarkis yang dinamis antara wujud paling murni dengan manifestasi dunia yang lebih kompleks, di mana setiap entitas memiliki tempat dan fungsi dalam skema kosmik iluminatif.

Selanjutnya, terdapat tingkatan jiwa yang berada di antara alam cahaya murni dan realitas materi. Jiwa manusia, meskipun terikat pada tubuh fisik, tetap memiliki potensi iluminatif yang dapat berkembang melalui penyucian, praktik spiritual, dan pengalaman batin (kasyf). Proses ini menegaskan bahwa setiap manusia memiliki kapasitas untuk "naik" dalam hierarki cahaya, sehingga mampu mendekati kesempurnaan yang bersumber dari Cahaya Murni. Suhrawardi menekankan bahwa perjalanan spiritual manusia merupakan inti dari filsafat Ishraq, di mana transformasi batin menjadi bagian integral dari pemahaman metafisika.

Pada tingkat paling rendah terdapat realitas materi, yang dalam kerangka pemikiran Suhrawardi dipahami sebagai kegelapan atau cahaya yang sangat lemah. Materi bukanlah ketiadaan, melainkan bentuk eksistensi yang jauh dari pancaran cahaya ilahi. Dengan kata lain, materialitas adalah manifestasi wujud yang memiliki intensitas cahaya paling rendah, sehingga menjadi medium yang paling dekat dengan keterbatasan dan ketergantungan. Pandangan ini menegaskan bahwa kosmologi Suhrawardi tidak hanya bersifat teoritis, tetapi juga memiliki implikasi moral dan spiritual: manusia dan semua makhluk material harus diarahkan untuk menaikkan intensitas cahaya dalam eksistensi mereka melalui proses penyucian dan pemurnian batin.

Tujuan filsafat dalam kerangka iluminasi tidak semata-mata menghasilkan pengetahuan konseptual atau logis, tetapi lebih pada membimbing jiwa manusia untuk kembali kepada sumber cahaya, yakni Tuhan. Proses ini merupakan perjalanan spiritual dan intelektual yang menuntut kesiapan batin, disiplin diri, dan kesadaran akan hierarki eksistensi. Melalui pengalaman batin yang langsung terhadap realitas cahaya, manusia dapat mengalami transformasi epistemik dan eksistensial yang mendalam. Dengan demikian, metafisika Suhrawardi bersifat transformatif, menggabungkan dimensi teoritis dengan praktik mistik, sehingga filsafat iluminasi bukan sekadar spekulasi intelektual, melainkan panduan praktis bagi pertumbuhan spiritual manusia (Louchakova-Schwartz, 2019).

Secara keseluruhan, konsep cahaya dalam metafisika Suhrawardi memberikan kerangka yang komprehensif untuk memahami alam semesta, pengetahuan, dan tujuan eksistensi manusia. Ia tidak hanya menekankan pentingnya hierarki ontologis, tetapi juga menegaskan bahwa setiap entitas memiliki potensi untuk mencapai tingkat cahaya yang lebih tinggi melalui proses penyucian dan iluminasi. Dengan pendekatan ini, Suhrawardi menghadirkan filsafat yang memadukan rasio, intuisi, dan pengalaman spiritual, sehingga Hikmat al-Ishraq menjadi landasan penting bagi pengembangan epistemologi dan metafisika dalam tradisi filsafat Islam, khususnya dalam konteks transendensi dan perjalanan jiwa menuju kesempurnaan.

2.4 METODE DAN SPIRITUALISTAS ILUMINASI

Filsafat Iluminasi (Hikmat al-Ishraq), yang dikembangkan oleh Syihabuddin Yahya al-Suhrawardi pada abad ke-12 Masehi, menampilkan pendekatan epistemologis dan metafisik yang unik dalam tradisi filsafat Islam. Keunikan filsafat ini terletak pada kemampuannya untuk memadukan dimensi rasionalitas dan spiritualitas dalam satu kerangka pemikiran yang holistik. Dengan demikian, filsafat Iluminasi tidak hanya bersifat teoretis, tetapi juga praktis dan transformatif. Secara teoretis, filsafat ini memungkinkan analisis sistematis terhadap kosmos, struktur hierarki eksistensi, dan keteraturan fenomena alam. Secara praktis, filsafat ini berfungsi sebagai panduan transformasi batin bagi manusia, memfasilitasi perjalanan spiritual menuju penyinaran jiwa (Kurnia et al., 2024).

Dalam kerangka epistemologis Suhrawardi, akal memiliki peran penting sebagai instrumen untuk memahami fenomena alam dan hubungan antarentitas kosmis. Melalui akal, manusia dapat menyusun argumen logis, menelusuri hukum sebab-akibat, mengklasifikasikan realitas, serta memetakan struktur eksistensi dari tingkat yang paling material hingga yang paling spiritual. Rasio atau akal menjadi alat fundamental dalam membangun pengetahuan konseptual yang sistematis, sehingga memungkinkan manusia untuk menata dunia fenomenal secara logis. Namun, meski demikian, Suhrawardi menekankan adanya keterbatasan inheren dalam kemampuan akal manusia.

Menurut Suhrawardi, logika deduktif dan inferensi intelektual hanya mampu menjangkau dimensi fenomenal dan konseptual dari realitas, yang bersifat terbatas dan parsial. Akal tidak dapat menembus hakikat tertinggi, yang ia sebut sebagai Cahaya Murni (al-Nūr al-Muḥaqqaq). Cahaya Murni adalah prinsip metafisika yang bersifat absolut, menjadi sumber eksistensi seluruh entitas kosmis, dan berada di luar jangkauan representasi mental manusia. Realitas ini tidak dapat diwakili sepenuhnya oleh simbol, bahasa, maupun konsep, karena akal manusia hanya mampu menangkap bentuk dan struktur fenomena yang tampak, bukan hakikat yang sesungguhnya (Laini & Soleh, 2024). Oleh karena itu, pengetahuan yang diperoleh semata-mata melalui rasio bersifat parsial dan tidak mencerminkan kebenaran hakiki.

Untuk mengatasi keterbatasan akal ini, Suhrawardi memperkenalkan epistemologi 'Ilm al-Hudhuri, yang dapat diterjemahkan sebagai "pengetahuan hadir". Konsep ini menekankan pengalaman langsung terhadap objek pengetahuan tanpa perantara simbol, bahasa, atau abstraksi mental. Pengetahuan hadir bersifat intuitif, langsung, dan autentik, berbeda dengan 'Ilm al-Hushuli, yakni pengetahuan yang diperoleh melalui proses pembelajaran formal, inferensi logis, atau pengalaman empiris yang bersifat konseptual. 'Ilm al-Hudhuri memungkinkan manusia menangkap esensi eksistensi secara langsung, sehingga memberikan pengalaman epistemik yang lebih tinggi dan autentik (Putyagina, 2019).

Pencapaian pengetahuan hadir ini dicapai melalui proses penyucian batin dan pengalaman spiritual yang disebut kasyf. Kasyf merupakan penyingkapan batin yang memungkinkan jiwa manusia menangkap pancaran cahaya dari entitas yang lebih tinggi secara langsung. Dengan kata lain, kasyf adalah proses iluminasi internal yang menjadikan pengetahuan tidak sekadar teoritis, tetapi transformatif, membentuk kesadaran eksistensial, dan memperluas kapasitas manusia dalam memahami hakikat realitas (Mursalina et al., 2025). Dalam filsafat Suhrawardi, kasyf bukan sekadar pengalaman mistik atau spiritual yang bersifat subjektif, tetapi merupakan metode epistemologis yang sah, yang mampu memberikan kepastian pengetahuan tentang realitas tertinggi.

Lebih lanjut, dalam praktik filsafatnya, Suhrawardi menekankan pentingnya riyāḍah, yaitu latihan spiritual yang bertujuan membersihkan batin dari pengaruh dunia material dan meningkatkan kapasitas iluminatif jiwa. Riyāḍah mencakup pengendalian nafsu, disiplin moral, refleksi mendalam, meditasi, kontemplasi, serta pembiasaan diri dalam praktik-praktik etis yang meningkatkan kualitas spiritual. Tujuan utama dari riyāḍah adalah agar jiwa manusia dapat meningkatkan resonansi dengan realitas cahaya yang lebih tinggi. Ketika batin telah tersinari melalui latihan spiritual ini, kebenaran metafisis dapat muncul secara langsung, memungkinkan seorang pencari hikmah melihat realitas sebagaimana adanya, bukan sekadar melalui konstruksi mental atau simbol. Dengan kata lain, riyāḍah mempersiapkan jiwa agar mampu menerima dan menanggapi penyinaran dari Cahaya Murni secara penuh.

Metode filsafat Iluminasi juga menunjukkan pengaruh kuat dari tradisi Neoplatonisme, terutama dalam konsep emanasi cahaya dan perjalanan jiwa menuju sumber tertinggi. Dalam kerangka Neoplatonik, seluruh entitas kosmis merupakan pancaran dari Cahaya Murni, dan perjalanan spiritual manusia adalah usaha untuk kembali kepada sumber tersebut. Konsep ini menekankan hierarki eksistensi, di mana entitas-entitas kosmis menempati tingkatan yang berbeda-beda sesuai dengan intensitas cahaya yang mereka pancarkan. Semakin murni intensitas cahaya, semakin dekat entitas tersebut dengan sumber tertinggi.

Selain pengaruh Neoplatonisme, filsafat Suhrawardi juga mengintegrasikan unsur tradisi esoterik Timur, termasuk tasawuf Islam dan hikmat Persia kuno. Tasawuf menyediakan kerangka praktik spiritual yang menekankan pengendalian diri, pengalaman mistik, dan kesadaran akan Tuhan sebagai prinsip pencipta dan penyelenggara alam semesta. Sementara itu, hikmat Persia kuno memperkaya filsafat Iluminasi melalui simbolisme cahaya, estetika, dan dimensi metafisik yang mendalam. Integrasi berbagai tradisi ini menghasilkan filsafat yang tidak hanya bersifat spekulatif dan teoritis, tetapi juga praktis dan transformatif. Hal ini menjadikan filsafat Iluminasi sebagai panduan komprehensif bagi pengembangan intelektual, moral, dan spiritual manusia.

Suhrawardi menegaskan bahwa filsafat sejati bukan sekadar disiplin intelektual atau akumulasi pengetahuan konseptual. Filsafat adalah proses transformasi eksistensial yang menyatukan dimensi akal, moral, dan batin. Rasio tetap digunakan untuk memahami keteraturan kosmos, memetakan hierarki eksistensi, dan menafsirkan fenomena material, tetapi pengalaman batin melalui kasyf dan latihan spiritual (riyāḍah) memungkinkan jiwa menangkap realitas secara langsung. Integrasi antara akal dan intuisi inilah yang membimbing manusia menuju tujuan tertinggi filsafat Iluminasi, yaitu penyinaran jiwa (tanawwur al-nafs) dan pencapaian kebenaran hakiki (al-Ḥaqq al-Muṭlaq).

Proses transformasi yang diusung Suhrawardi menunjukkan bahwa pencapaian hikmah sejati tidak cukup hanya dengan penguasaan pengetahuan konseptual atau akal yang tajam. Diperlukan keseimbangan antara pengetahuan konseptual, pengalaman intuitif, dan kesucian batin agar manusia dapat memahami realitas secara holistik. Filosofi Iluminasi menekankan bahwa pengembangan diri manusia harus menyeluruh, meliputi aspek intelektual, moral, dan spiritual. Dengan demikian, filsafat Iluminasi berfungsi sebagai panduan komprehensif bagi pertumbuhan manusia, di mana pengetahuan intelektual dan pengalaman spiritual saling melengkapi dan memperkuat, bukan saling meniadakan.

Selain itu, Suhrawardi menekankan bahwa metode dan spiritualitas yang dikembangkan dalam filsafat Iluminasi bersifat universal, artinya dapat diterapkan pada berbagai aspek kehidupan manusia, mulai dari analisis kosmos hingga pengembangan kesadaran diri. Manusia tidak hanya belajar memahami alam dan fenomena fisik, tetapi juga berlatih untuk memahami diri sendiri, mengenal potensi batin, dan mencapai keseimbangan eksistensial. Dalam kerangka ini, filsafat Iluminasi menyediakan pendekatan holistik yang menekankan keterpaduan antara ilmu, moralitas, dan pengalaman batin sebagai sarana pencapaian kehidupan yang bermakna.

Secara keseluruhan, filsafat Suhrawardi menegaskan bahwa pencapaian pengetahuan dan kebijaksanaan tertinggi hanya dapat diperoleh melalui keselarasan antara akal dan batin. Rasio memberikan kemampuan analitis untuk memahami keteraturan dunia fenomenal, sedangkan intuisi dan pengalaman batin melalui kasyf memungkinkan manusia menangkap hakikat realitas yang sejati. Latihan spiritual (riyāḍah) menjadi sarana praktis untuk menyucikan batin, meningkatkan kapasitas jiwa, dan menyiapkan manusia untuk menerima penyinaran dari Cahaya Murni. Dengan kombinasi ini, filsafat Iluminasi bukan hanya sistem epistemologi dan metafisika, tetapi juga panduan praktis untuk transformasi eksistensial dan spiritual yang komprehensif, yang menekankan integrasi antara ilmu, moralitas, dan pengalaman batin sebagai sarana pencapaian kehidupan yang bermakna.

5. Kebijksanaan Timur dalam Pemikiran Suhrawardi

Salah satu kontribusi paling penting dari Syihabuddin Yahya al-Suhrawardi adalah upayanya menghidupkan kembali dan menegaskan tradisi kebijaksanaan Timur, yang dalam karyanya ia sebut sebagai Hikmat al-Fahlawiyyah. Bagi Suhrawardi, sebelum masuknya pengaruh filsafat Yunani ke dunia Islam, Persia telah memiliki tradisi intelektual dan spiritual yang kaya, yang berakar pada ajaran-ajaran kuno termasuk Zoroastrianisme. Tradisi ini, menurutnya, menekankan simbolisme cahaya sebagai prinsip metafisika sekaligus sebagai landasan etika dan moral. Cahaya bukan hanya fenomena kosmik, tetapi juga menjadi simbol pengetahuan, kesempurnaan spiritual, dan kebenaran yang mampu menyinari jiwa manusia. Dalam konteks ini, seluruh upaya intelektual, spiritual, dan kontemplatif diarahkan untuk mendekatkan diri kepada sumber cahaya tertinggi, yang menjadi simbol dan manifestasi dari kebenaran universal. Dengan menghidupkan kembali tradisi ini, Suhrawardi berusaha menunjukkan bahwa peradaban Timur memiliki kontinuitas intelektual yang kaya dan mampu berkontribusi pada kerangka filsafat Islam yang tengah berkembang, serta memberikan fondasi metafisika yang mengintegrasikan pengalaman spiritual dan rasionalitas filosofis.

Suhrawardi tidak menolak pengaruh filsafat Yunani, tetapi ia secara selektif mengadopsi dan mengadaptasi konsep-konsep yang sejalan dengan tradisi Timur dan visi metafisiknya. Misalnya, ajaran Plato tentang dunia ide memberikan kerangka bagi Suhrawardi untuk memahami realitas sebagai tingkatan cahaya yang bersifat hierarkis, di mana setiap tingkat eksistensi memancarkan intensitas cahaya yang berbeda. Konsep dunia ide ini memungkinkan pemahaman bahwa segala bentuk realitas merupakan manifestasi dari cahaya universal, dengan derajat intensitas yang menandai tingkatan kesucian dan kesempurnaan. Lebih jauh, pengaruh Plotinus dan ajaran Neoplatonisme tampak dalam konsep emanasi yang dianut Suhrawardi, yaitu seluruh realitas memancar dari sumber kesempurnaan tertinggi secara bertahap, dari tingkat paling murni hingga tingkat yang paling redup. Melalui integrasi filsafat Yunani dengan tradisi Persia kuno dan ajaran Islam, Suhrawardi berhasil memperkaya kerangka filsafat iluminasi sehingga menjadi jembatan intelektual antara Timur dan Barat, antara pendekatan rasional dan spiritual, serta antara spekulasi metafisik dan pengalaman mistik.

Dalam pemikiran Suhrawardi, Timur bukan sekadar wilayah geografis, tetapi juga simbol pusat spiritual dunia yang memancarkan cahaya hikmah kepada umat manusia. Timur diibaratkan sebagai matahari yang menyinari dunia intelektual dan spiritual, memberikan pencerahan yang memandu pencarian manusia terhadap pengetahuan sejati. Dengan penggambaran ini, Suhrawardi menekankan bahwa puncak kebijaksanaan dan pengetahuan tidak hanya ditemukan melalui penalaran logis Barat atau filsafat Yunani, tetapi juga melalui tradisi kontemplatif dan mistik Timur yang telah berkembang secara historis. Filosofi iluminasi, dalam konteks ini, berfungsi sebagai sarana untuk menegaskan kembali peranan Timur dalam perkembangan filsafat universal, sambil menunjukkan bahwa pencapaian pengetahuan sejati membutuhkan keseimbangan antara akal, intuisi, dan pengalaman batin.

Upaya Suhrawardi dalam menghidupkan kembali tradisi kebijaksanaan Timur juga mencerminkan dimensi historis dan kultural dalam filsafatnya. Ia menempatkan tradisi Persia kuno sebagai fondasi intelektual yang valid dan kaya, yang mampu bersinergi dengan pemikiran Islam dan pengaruh Yunani untuk menciptakan sistem filsafat yang holistik. Dalam pandangan Suhrawardi, filsafat iluminasi bukan sekadar inovasi teoritis atau spekulatif, tetapi juga merupakan penghormatan terhadap akar budaya Timur. Pengetahuan dan kebijaksanaan dipahami sebagai proses kontemplatif yang menghubungkan manusia dengan Cahaya Murni, sehingga pencarian kebenaran oleh filsuf merupakan perjalanan spiritual sekaligus intelektual yang menegaskan kesatuan antara budaya, etika, dan metafisika. Dengan demikian, tradisi Timur tidak hanya menjadi sumber inspirasi historis, tetapi juga memiliki peran aktif dalam membentuk cara berpikir dan kerangka filosofis yang transformatif.

Suhrawardi menekankan bahwa integrasi nilai-nilai Timur, dengan simbolisme cahaya dan praktik kontemplatif, dapat memperkaya filsafat Islam secara signifikan. Ia menekankan bahwa kebijaksanaan sejati tidak bersifat eksklusif atau terbatas pada satu tradisi tertentu, melainkan bersifat universal. Dengan memadukan tradisi Persia kuno, ajaran Islam, dan elemen filsafat Yunani, Suhrawardi menciptakan sistem pemikiran yang menyeimbangkan logika dan intuisi, akal dan pengalaman batin, serta moralitas dan spiritualitas. Filosofi iluminasi dalam hal ini menjadi jembatan intelektual dan spiritual, menghubungkan Timur dengan tradisi filsafat universal, membuka ruang bagi pengembangan pemikiran holistik yang mampu menjawab pertanyaan eksistensial dan etis secara menyeluruh. Pendekatan ini tidak hanya memperluas cakrawala filsafat, tetapi juga menegaskan bahwa pengalaman kontemplatif dan simbolisme spiritual memiliki peran penting dalam mencapai pengetahuan dan kebijaksanaan sejati.

Kontribusi Suhrawardi dalam menghidupkan kembali kebijaksanaan Timur juga berdampak pada cara memahami hierarki wujud dan hubungan manusia dengan realitas tertinggi. Cahaya, sebagai simbol dan prinsip metafisika, menjadi pusat dari struktur eksistensi, di mana setiap tingkatan wujud merupakan manifestasi dari intensitas cahaya yang berbeda. Pemikiran ini menekankan bahwa setiap individu memiliki potensi untuk menyelaraskan diri dengan sumber cahaya tertinggi melalui proses kontemplatif dan pengalaman spiritual. Dengan memusatkan perhatian pada simbolisme cahaya dan warisan kebijaksanaan Timur, Suhrawardi memberikan kerangka filosofis yang tidak hanya mengutamakan spekulasi intelektual, tetapi juga transformasi moral dan spiritual, sehingga filsafat menjadi sarana untuk mencapai kesempurnaan batin sekaligus pengetahuan universal (Aliana, 2025).

Lebih jauh, upaya ini menegaskan bahwa kontribusi Timur terhadap filsafat tidak sekadar bersifat historis, tetapi juga relevan secara universal. Tradisi intelektual Timur yang dihidupkan kembali oleh Suhrawardi memberikan landasan bagi pengembangan filsafat iluminasi yang komprehensif, yang mampu mengintegrasikan berbagai aliran pemikiran tanpa kehilangan identitas budaya (Maulana & Arsyi, 2021). Dengan menempatkan Timur sebagai pusat spiritual dan intelektual, Suhrawardi menunjukkan bahwa pengembangan filsafat universal membutuhkan penghargaan terhadap warisan budaya, pengalaman mistik, dan simbolisme yang telah ada sejak lama. Hal ini menjadikan filsafat iluminasi tidak hanya sebagai sistem teoritis, tetapi juga praktik transformatif yang menyatukan budaya, spiritualitas, dan akal (Imam et al., 2023).

Secara keseluruhan, pemikiran Suhrawardi tentang kebijaksanaan Timur menegaskan bahwa tradisi Persia kuno dan praktik spiritual Timur memiliki peran sentral dalam pencapaian pengetahuan sejati. Integrasi simbolisme cahaya, praktik kontemplatif, ajaran Islam, dan pengaruh filsafat Yunani menciptakan sistem filsafat yang holistik, transformatif, dan relevan secara universal. Dengan demikian, kontribusi Suhrawardi tidak hanya memperkuat fondasi filsafat iluminasi, tetapi juga menegaskan kontinuitas intelektual Timur, menekankan pentingnya pengalaman batin, dan menegaskan bahwa pengetahuan sejati memerlukan keseimbangan antara akal, intuisi, dan kesucian moral. Filosofi ini menjadikan Timur sebagai sumber cahaya hikmah yang berkontribusi signifikan bagi perkembangan filsafat universal, dan sekaligus menegaskan bahwa pencapaian kebijaksanaan sejati adalah perpaduan antara tradisi, pengalaman spiritual, dan refleksi intelektual yang mendalam (Partridge & Diaz-Caneja, 2011).

6. Kontribusi dan Pengaruh Pemikiran Suhrawardi

Pemikiran Suhrawardi al-Maqtul menempati posisi penting dalam sejarah filsafat Islam karena memperkenalkan pendekatan baru yang memadukan rasionalitas dan pengalaman spiritual. Ia hidup pada masa ketika filsafat peripatetik ala Aristoteles dan Ibn Sina mendominasi wacana intelektual, namun ia melihat bahwa pendekatan semata-mata rasional tidak cukup untuk menangkap hakikat realitas secara menyeluruh. Oleh karena itu, Suhrawardi mendirikan aliran filsafat iluminasi yang dikenal sebagai Hikmat al-Ishrāq, yang menekankan pengalaman langsung dan transformasi eksistensial sebagai bagian dari proses pengetahuan. Dalam kerangka filsafatnya, Suhrawardi menekankan konsep cahaya sebagai prinsip ontologis tertinggi. Cahaya bukan hanya fenomena fisik, melainkan hakikat paling nyata dari seluruh realitas. Setiap entitas, mulai dari jiwa manusia hingga materi, merupakan manifestasi dari cahaya dengan tingkatan intensitas yang berbeda (Mufid, 2019). Di puncak hierarki ini terdapat Cahaya Tertinggi, sumber dari segala wujud, yang memancar melalui berbagai tingkatan eksistensi hingga mencapai bentuk paling rendah atau kegelapan, yang setara dengan non-wujud. Konsep ini membuka perspektif baru bahwa wujud bersifat hierarkis dan gradatif, di mana segala sesuatu memiliki intensitas eksistensi yang berbeda-beda, menjadikan cahaya sebagai metafora sekaligus realitas ontologis.

Dalam epistemologi Suhrawardi, pengetahuan sejati tidak dapat dicapai hanya melalui logika atau indera. Ia menekankan pentingnya pengetahuan intuitif atau ilmu hudhūrī, yaitu pengalaman langsung dan batiniah terhadap realitas. Melalui proses ini, seseorang dapat merasakan hakikat cahaya secara eksistensial, bukan hanya sebagai konsep abstrak. Pengalaman batin ini kemudian dapat dikombinasikan dengan argumentasi rasional untuk membangun sistem pengetahuan yang holistic (Habib, 2018). Dengan demikian, filsafat iluminasi menawarkan metode ganda yang mengintegrasikan akal dan intuisi, teori dan praktik spiritual, sehingga pengetahuan tidak sekadar bersifat teoretis, tetapi juga transformatif bagi individu. Konsep ini juga mempengaruhi pemahaman manusia tentang jiwa dan alam semesta. Jiwa manusia dianggap berasal dari dunia cahaya, dan keterikatan pada materi merupakan bentuk penahanan yang menuntut proses spiritual untuk kembali ke sumber cahaya. Dengan cara ini, pendidikan spiritual dan praktik moral tidak sekadar kewajiban etis, tetapi bagian dari epistemologi dan ontologi, di mana transformasi jiwa menjadi syarat untuk memahami realitas sejati.

Selain aspek metafisik dan epistemologis, Suhrawardi berperan sebagai jembatan antara tradisi filsafat rasional peripatetik dan tradisi mistik sufistik. Ia berhasil menyintesiskan filsafat Yunani-Islam, pengalaman mistik, dan kebijaksanaan kuno Persia menjadi sistem yang komprehensif, sehingga memungkinkan integrasi logika, teori, dan pengalaman spiritual dalam satu kerangka pemikiran. Sintesis ini membuka ruang bagi pengembangan filsafat Islam yang lebih holistik dan hidup, di mana rasio dan mistik tidak saling eksklusif. Kemampuan Suhrawardi untuk menggabungkan akal dan intuisi menjadikannya tokoh yang dapat menjembatani dualisme yang selama ini memisahkan filsafat dan spiritualitas. Hal ini menunjukkan bahwa filsafat tidak hanya berfungsi sebagai alat analisis konseptual, tetapi juga sebagai sarana transformasi eksistensial bagi individu.

Warisan pemikiran Suhrawardi juga terlihat dalam pengaruhnya terhadap generasi filsuf berikutnya, terutama Mulla Sadra. Pemikiran Sadra mengadopsi konsep gradasi eksistensi dari Suhrawardi, namun menempatkannya dalam kerangka ontologis baru yang menekankan wujud sebagai prinsip dasar realitas. Bagi Sadra, perbedaan antara makhluk-makhluk bukan terletak pada hakikatnya, tetapi pada intensitas wujud yang dimilikinya, sehingga semua makhluk berbagi satu realitas eksistensial, meski dalam tingkatan berbeda. Sintesis ini membentuk dasar bagi filsafat transendental Islam, di mana rasio, intuisi, dan spiritualitas dipadukan untuk memahami realitas secara menyeluruh. Dengan demikian, fondasi metafisika pencahayaan Suhrawardi tetap relevan dan produktif, bahkan diregenerasi ke dalam bentuk filsafat transendental yang lebih kompleks dan sistematis.

Selain pengaruh filosofis, pemikiran Suhrawardi memberikan kontribusi penting dalam etika, pendidikan, dan psikologi spiritual. Dalam filsafat Isyraqi, proses memperoleh pengetahuan sejati menuntut transformasi moral dan spiritual; jiwa harus disucikan, dilepaskan dari keterikatan duniawi, dan diarahkan melalui praktik meditasi, disiplin spiritual, dan pengembangan kesadaran batin. Dengan demikian, moralitas dan spiritualitas bukan sekadar tambahan dari pengetahuan, tetapi bagian integral dari pemahaman realitas.

Dalam pendidikan, pandangan Suhrawardi mengarah pada model yang tidak hanya mengasah intelek, tetapi juga membentuk karakter dan kesadaran spiritual siswa. Ia menekankan bahwa pengetahuan sejati melampaui akumulasi informasi atau data, melainkan melibatkan pengalaman batin yang membawa individu pada pemahaman mendalam tentang eksistensi. Dalam konteks psikologi transpersonal, pemikiran Suhrawardi menawarkan kerangka untuk memahami kerinduan spiritual, krisis eksistensial, pengalaman pencerahan, dan transformasi psikologis, karena konsep cahaya dan hierarki wujud memetakan perjalanan jiwa manusia dari keterikatan dunia materi menuju kesatuan dengan sumber realitas.

Suhrawardi tidak hanya menandai tonggak penting dalam sejarah filsafat Islam, tetapi juga membuka ruang bagi integrasi antara filsafat, teologi, dan mistisisme. Dengan pendekatan ini, konflik klasik antara akal, wahyu, dan pengalaman mistik dapat diatasi melalui sintesis yang harmonis, sehingga manusia dapat memperoleh pemahaman yang komprehensif tentang hakikat dirinya dan alam semesta. Meskipun beberapa aspek metafisik Suhrawardi kemudian direvisi oleh pemikir seperti Mulla Sadra, seperti perubahan fokus dari esensi ke wujud, inti warisan Suhrawardi tetap bertahan dan berkembang. Gradasi wujud, metafisika cahaya, dan pengalaman batin yang menjadi ciri khas filsafat iluminasi tetap menjadi fondasi yang penting dalam pemikiran Islam transendental, dan pengaruhnya masih terasa hingga era modern.

Dalam perspektif historis, pemikiran Suhrawardi memiliki signifikansi yang luas. Ia menunjukkan bahwa filsafat Islam tidak semata berfokus pada logika dan rasionalitas, tetapi dapat memadukan aspek spiritual, moral, dan eksistensial secara integral. Pemikiran ini memberikan dasar bagi perkembangan filsafat Islam selanjutnya, termasuk pembentukan al-Hikmah al-Muta'aliyah, yang menjadi tonggak penting dalam tradisi metafisika dan teologi Islam. Warisan ini juga relevan dalam konteks modern, di mana pendidikan, filsafat, dan psikologi membutuhkan pendekatan holistik yang menggabungkan intelek, moralitas, dan pengalaman spiritual. Filsafat iluminasi dapat berperan sebagai kerangka konseptual yang menyatukan rasionalitas modern dengan kebutuhan manusia akan makna, kesadaran, dan spiritualitas, sehingga menjembatani kesenjangan antara akal dan pengalaman transendental.

Lebih jauh, pengaruh Suhrawardi meluas ke wilayah lain di luar Persia, termasuk Mesir, India, dan wilayah Timur Tengah lainnya, di mana ajaran filsafat iluminasi diterima dan diadaptasi sesuai konteks lokal. Melalui murid-murid dan komentatornya, pemikiran Suhrawardi tidak hanya lestari, tetapi berkembang menjadi tradisi intelektual yang kaya, dinamis, dan relevan secara universal. Konsep cahaya, pengalaman batin, dan gradasi wujud yang ia tawarkan membuka kemungkinan bagi pemikiran etika, pendidikan spiritual, dan psikologi transpersonal yang mengintegrasikan pengetahuan, moralitas, dan spiritualitas dalam satu kesatuan (Aminrazavi, 2021) Dengan cara ini, Suhrawardi tidak hanya menjadi tokoh historis, tetapi fondasi hidup yang terus mempengaruhi filsafat, spiritualitas, dan pendidikan hingga masa kini (Suryosumunar & Kuswanjono, 2021).

Secara keseluruhan, kontribusi Suhrawardi dapat dirangkum dalam beberapa aspek penting. Pertama, ia mendirikan fondasi metafisika baru berbasis cahaya dan hierarki wujud, yang memadukan akal dan intuisi dalam proses pengetahuan. Kedua, ia berperan sebagai jembatan antara tradisi rasional peripatetik dan tradisi mistik, sehingga membuka ruang bagi sintesis filsafat, spiritualitas, dan pengalaman batin. Ketiga, pemikirannya diwariskan secara sistematis kepada generasi filsuf berikutnya, terutama Mulla Sadra, yang mengembangkan metafisika transendental berdasarkan pijakan Suhrawardi. Keempat, ia memberikan kontribusi penting dalam dimensi etika, pendidikan, dan psikologi spiritual, dengan menekankan transformasi eksistensial sebagai bagian integral dari pengetahuan. Kelima, relevansi pemikirannya tetap kuat di era modern, karena menawarkan integrasi antara rasio, moralitas, dan spiritualitas yang menjadi kebutuhan manusia kontemporer. Dengan demikian, Suhrawardi bukan hanya tokoh historis yang berpengaruh, tetapi juga pelopor filsafat holistik yang menyatukan akal, pengalaman, dan spiritualitas dalam satu sistem yang komprehensif dan relevan sepanjang masa (Pangestu et al., 2024).

BAB III

PENUTUP

3.1 KESIMPULAN

Suhrawardi al-Maqtul merupakan salah satu tokoh paling berpengaruh dalam sejarah filsafat Islam yang berhasil membangun sintesis baru antara rasionalitas, spiritualitas, dan kebijaksanaan Timur. Melalui aliran Hikmat al-Ishraq (Filsafat Iluminasi), Suhrawardi mengajukan paradigma metafisika berbasis cahaya sebagai hakikat seluruh wujud, yang tersusun dalam hierarki dari Cahaya Murni (Tuhan) hingga materi sebagai tingkat kegelapan terendah. Pandangan ini menandai pergeseran penting dari dominasi filsafat Peripatetik menuju filsafat yang menekankan intuisi, penyinaran batin, dan pengalaman spiritual.Dalam epistemologinya, Suhrawardi memperkenalkan konsep 'Ilm al-Hudhuri (pengetahuan hadir) pengetahuan langsung tanpa perantara konsep, yang menegaskan bahwa kebenaran tertinggi hanya dapat dicapai melalui proses penyucian jiwa, latihan spiritual, dan pengalaman iluminatif. Dengan cara ini, akal tetap dipergunakan, tetapi ditempatkan sebagai langkah awal menuju pencerahan batin yang lebih tinggi.Pemikiran Suhrawardi juga berfungsi menghidupkan kembali kebijaksanaan Timur (Hikmat al-Fahlawiyyah), terutama warisan Persia kuno yang sarat simbolisme cahaya. Ia memadukan unsur filsafat Yunani, tasawuf Islam, dan kearifan Persia menjadi sebuah sistem filosofis yang holistik, di mana filsafat dipahami bukan hanya sebagai aktivitas teori, tetapi sebagai proses transformasi eksistensial.Warisan Suhrawardi berpengaruh luas terhadap perkembangan filsafat Islam, terutama pada tokoh-tokoh seperti Mulla Sadra, yang kemudian mengembangkan filsafat transendental berdasarkan prinsip-prinsip iluminasi. Relevansi pemikiran Suhrawardi tetap bertahan hingga modern karena kemampuannya menjembatani akal, moralitas, dan spiritualitas, sekaligus menawarkan kerangka komprehensif untuk memahami realitas, kesadaran, dan perjalanan jiwa manusia.

3.2 SARAN

Melihat kedalaman gagasan Suhrawardi dalam filsafat iluminasi, penulis disarankan untuk mengembangkan artikel dengan beberapa fokus tambahan agar pembahasan menjadi lebih kaya dan komprehensif, yaitu sebagai berikut:

1. Perlu dilakukan perbandingan lebih mendalam antara filsafat iluminasi Suhrawardi dengan aliran Peripatetik dan filsafat transendental Mulla Sadra agar posisi pemikirannya dalam tradisi filsafat Islam semakin jelas.
2. Konsep 'Ilm al-Hudhuri dapat dieksplorasi lebih lanjut dalam konteks modern, misalnya dikaitkan dengan kajian kesadaran, psikologi spiritual, atau peran intuisi dalam ilmu pengetahuan.
3. Perlu ditambahkan penjelasan tentang pengaruh warisan Persia kuno dalam pemikiran Suhrawardi untuk memperkuat pemahaman tentang akar budaya dan simbolisme cahaya dalam filsafat iluminasi.

4. Analisis mengenai dampak pemikiran Suhrawardi terhadap tokoh setelahnya, seperti Mulla Sadra, dapat dikembangkan untuk menunjukkan kesinambungan dan evolusi pemikiran iluminasi.

5. Penulis dapat mengaitkan gagasan Suhrawardi dengan isu-isu kontemporer, sehingga pembahasan lebih relevan dan mudah dipahami oleh pembaca masa kini.

6. Penguatan pada aspek hubungan antara rasionalitas, moralitas, dan spiritualitas akan membuat artikel lebih komprehensif dan menunjukkan keunikan pendekatan Suhrawardi.

DAFTAR PUSTAKA

Aliana, C. R. (2025). Cahaya Sebagai Metafora Kesadaran: Integrasi Pemikiran Iluminasi Suhrawardi Dan Psikologi Modern. *Psikoislamedia Jurnal Psikologi*, *10*(2), 77–89. https://doi.org/10.22373/psikoislamedia.v10i2.31741

Aminrazavi, M. (2021). *Suhrawardī*. 1–4. https://doi.org/10.1002/9781119009924.eopr0377

Habib, Z. (2018). Epistemology of Ḥuḍûrî in Suhrawardî Al-Maqtûl's Ḥikmat Ishrâqiyah. *Ulul Albab Jurnal Studi Islam*, *19*(2), 209–228. https://doi.org/10.18860/ua.v19i2.5507

Ichsan, S. M. (2023). Ajaran Hikmah Al-Isyraq Suhrawardi Al-Maqtul. *Shaf*, *1*(1), 1–10. https://doi.org/10.59548/js.v1i1.52

Ihsan, N. H., Mudin, M. I., & Dewantara, M. (2024). Suhrawardī's Concept of Illumination and Its Relevance to Environmental Conservation Awareness. *Kanz Philosophia a Journal for Islamic Philosophy and Mysticism*, *10*(2), 383–406. https://doi.org/10.20871/kpjipm.v10i2.375

Imam, M. A., Ahmad, S., Bhatti, M. A. A., & Afzal, M. (2023). Contextualizing Research Approaches: The Role of Western and Islamic Philosophies in Shaping Methodology and Knowledge Creation. *Al-Irfan*, *8*(16), 69–90. https://doi.org/10.58932/mulb0029

Kartanegara, M. (2022). Beyond the Physical World and Sensory Perception: A Philosophical Exploration Into the Metaphysical World. *Islamic Studies Review*, *1*(1), 95–109. https://doi.org/10.56529/isr.v1i1.20

Kurnia, Z. A., Shodiq, A. F., & Rossidy, I. (2024). Epistemologi Ilmu Dalam Perspektif Filsafat Isyraqi (Suhrawardi Al-Maqtul). *Joumi*, *2*(2), 1–9. https://doi.org/10.62007/joumi.v2i2.298

Laini, H. U. N., & Soleh, A. K. (2024). Ajaran Isyrāqi: Studi Kritis-Epistemologis Filsafat Iluminasi Suhrawardi. *Kalimah*, *22*(1), 1–24. https://doi.org/10.21111/klm.v22i1.12274

Louchakova-Schwartz, O. (2019). The Way Into Transcendental Philosophy From the Argument in Suhrawardī's Philosophy of Illumination. *Open Theology*, *5*(1), 278–298. https://doi.org/10.1515/opth-2019-0022

Maulana, M. I., & Arsyi, S. (2021). Tradisi Filsafat Iluminasionisme Dan Pengaruhnya Terhadap Kajian Filsafat Islam. *Tajdid Jurnal Ilmu Ushuluddin*, *20*(1), 32–62. https://doi.org/10.30631/tjd.v20i1.140

Mufid, F. (2019). Filsafat Sufistis Suhrawardi Al-Maqtul. *Esoterik*, *5*(2), 364. https://doi.org/10.21043/esoterik.v5i2.5874

Mursalina, S., Fatimah, F. N., Mubarok, I., & Qotrunnada, D. (2025). Inner

Experience and Illumination in Suhrawardi's Philosophical Thought. *Falsafah*, *1*(1), 21–31. https://doi.org/10.61166/falsafah.v1i1.3

Niknafs, N. (2024). *<i>Nā-Kojā-Ābād</I>*. 294–309. https://doi.org/10.1093/oxfordhb/9780190621681.013.17

Pangestu, I. B. B., Nderi, F., Handono, A. D., & Prakosa, J. B. H. (2024). Religion, Justice and Women: The Views of Dominican Christian Mystics Meister Eckhart and Franciscan Bonaventura. *Tic*, *1*(2), 377–395. https://doi.org/10.24071/tic.v1i2.8474

Partridge, T., & Diaz-Caneja, M. (2011). Art as Revelation: Andrei Tarkovsky's Films and the Insights of Víctor Erice. *Journal of European Studies*, *41*(1), 23–43. https://doi.org/10.1177/0047244110391041

Putyagina, V. (2019). *Shihab Ad-Din as-Suhrawardi Al-Maqtul and His Ishraq System Within Islamic Culture*. https://doi.org/10.2991/iccessh-19.2019.471

Rosul, M. (2023). Thoughts of Muslim Scientists Al-Kindi and Ibn Sina. *Maklumat*, *1*(1), 1–11. https://doi.org/10.61166/maklumat.v1i1.1

Shabuddin, N. A. A., & Badaruddin, F. (2019). Shihab Al-Din Suhrawardi Dan Kajian Terhadap Karya Hikmah Al-Ishraq. 633–622 ,*مجلة إدارة و بحوث الفتاوى*. https://doi.org/10.33102/jfatwa.vol13no1.202

Suryosumunar, J. A. Z., & Kuswanjono, A. (2021). Kesempurnaan Sebagai Orientasi Keilmuan Dalam Teosofi Suhrawardi Al-Maqtul. *Jurnal Filsafat*, *31*(2), 244. https://doi.org/10.22146/jf.62046

IBNU RUSYD (1126–1198): RASIONALISME ISLAM, PEMBELAAN TERHADAP ARISTOTELES, DAN PENGARUHNYA DI EROPA

Oleh

Aisatur Rodyah[1], Nur Azizah[2], Siti Humairoh[3], Syifa Kumala Sari[4], dan Ulfatun Hasanah[5], Alya ely ni'maizah[6]

Institut Ahmad Dahlan Kota Probolinggo

E-mail: aisaturrodyah@gmail.com[1], nrazzh3218@gmail.com[2], shumairoh489@gmail.com[3], Sifakumalasari86@gmail.com[4], Ulfa02120@gmail.com[5], alyaelynimaizah@gmail.com[6]

Abstrak

Ibnu Rusyd (1126–1198 M), yang lebih dikenal sebagai Averroes, adalah tokoh sentral dalam sejarah filsafat Islam. Ia memegang peranan penting dalam menghubungkan pemikiran rasional dengan ajaran wahyu. Penelitian ini didasarkan pada upaya untuk memahami perkembangan konsep rasionalisme oleh Ibnu Rusyd dalam konteks Islam, pembelaannya terhadap filsafat Aristoteles dari kritik para teolog Muslim, serta implikasi pemikirannya bagi Eropa dan dunia Barat. Penelitian ini bertujuan menyelidiki kontribusi Ibnu Rusyd dalam menyatukan filsafat dan agama, serta pengaruh intelektualnya di Barat selama periode Abad Pertengahan. Metode yang digunakan adalah penelitian kepustakaan melalui analisis sumber primer dan sekunder yang terkait, terutama karya-karya Ibnu Rusyd. Analisis dilakukan untuk mengkaji pandangan Ibnu Rusyd tentang rasionalisme, upaya pembelaannya terhadap Aristoteles, dan dampak ide-idenya pada pemikir Eropa. Temuan penelitian menunjukkan bahwa Ibnu Rusyd berhasil menunjukkan keselarasan antara akal dan wahyu, sehingga filsafat menjadi instrumen untuk menjangkau kebenaran yang lebih mendalam. Karyanya yang membela Aristoteles dari serangan teolog Muslim membuktikan bahwa filsafat tidaklah bertentangan dengan agama. Penelitian ini menegaskan bahwa Ibnu Rusyd merupakan figur kunci dalam kemajuan rasionalisme Islam dan filsafat dunia, dengan fungsinya sebagai jembatan intelektual antara tradisi Islam dan Barat yang memberikan kontribusi signifikan terhadap perkembangan pemikiran global.

Kata kunci: Ibnu Rushd, Rasionalisme Islam, Filsafat Aristoteles, dan Pengaruh di Barat.

Abstract

Ibn Rushd (1126–1198 AD), better known as Averroes, was a central figure in the history of Islamic philosophy. He played an important role in connecting rational thought with revelatory teachings. This research is based on an effort to understand the development of the concept of rationalism by Ibn Rushd in the context of Islam, his defense of Aristotelian philosophy from the criticism of Muslim theologians, and the implications of his thinking for Europe and the Western world. This study aims to investigate Ibn Rushd's contribution to uniting philosophy and religion, as well as his intellectual influence in the West during the Middle Ages. The method used is literature research through analysis of related primary and secondary sources, especially the works of Ibn Rushd. The analysis was conducted to examine Ibn Rushd's views on rationalism, his defense of Aristotle, and the impact of his ideas on European thinkers. The findings of the research show that Ibn Rushd succeeded in demonstrating the harmony between reason and revelation, so that philosophy became an instrument for reaching a deeper truth. His work defending Aristotle from attacks by Muslim theologians proves that philosophy is not incompatible with religion. This research confirms that Ibn Rushd was a key figure in the advancement of Islamic rationalism and world philosophy, serving as an intellectual bridge between Islamic and Western traditions that made a significant contribution to the development of global thought.

Keywords: Ibn Rushd, Islamic rationalism, Aristotelian philosophy, and influence in the West

BAB I

PENDAHULUAN

1.1 PENDAHULUAN

Sebagai negara dengan populasi Muslim terbesar, tentu saja menantang untuk mempersatukan kelompok-kelompok yang mengidentifikasi diri sebagai Muslim. Gelombang intelektualisme Islam muncul selama era Abbasiyah. Filsafat menjadi salah satu bidang studi yang menarik minat para pemikir Muslim. Minat komunitas Muslim dalam mengeksplorasi filsafat Barat sejalan dengan perluasan dunia Islam dan peningkatan pertukaran budaya dengan bangsa-bangsa lain, terutama Yunani dan Romawi. Orang-orang Persia memainkan peran krusial dalam proses penyebaran filsafat Yunani ke dunia Islam, karena mereka adalah yang pertama berinteraksi dengan peradaban dan filsafat Yunani, dan melalui mereka lah Muslim Arab mulai mempelajari filsafat Yunani. Dalam konteks ini, Muslim memainkan peran penting dalam menghidupkan kembali warisan intelektual Yunani Kuno yang telah diabaikan selama berabad-abad. Pengaruh Ibn Rushd tidak langsung, melainkan melalui murid-murid Eropa-nya yang belajar di Spanyol, yang dikenal sebagai Averrois. Averrois memiliki pandangan khusus tentang hubungan antara bahasa filsafat dan bahasa agama, yang berasal dari gagasan Ibn Rushd.

Ibnu Rusyd, yang sering disebut Averroes, merupakan salah satu tokoh filsuf terkemuka dalam warisan filsafat Islam, dengan andil besar terhadap perkembangan pemikiran universal. Di tengah penolakan banyak teolog Muslim terhadap filsafat Yunani, khususnya ajaran Aristoteles, Ibnu Rusyd tampil sebagai pendukung kuat filsafat di dalam Islam. Tulisannya tidak hanya memengaruhi dunia Islam, melainkan juga menginspirasi para pemikir Barat, terutama di Eropa selama Abad Pertengahan dan periode Renaisans. Pada era tersebut, pendekatan rasional dan saintifik mengalami hambatan besar di dunia Islam karena dianggap tidak sesuai dengan ajaran agama. Namun, Ibnu Rusyd berusaha membuktikan bahwa akal dan wahyu dapat berjalan bersama. Melalui karya-karyanya, seperti Fasl al-Maqal dan Tahafut al-Tahafut, ia menegaskan peran rasionalisme dalam memahami alam dan Tuhan, serta mempertahankan filsafat Aristoteles yang dipercayainya selaras dengan prinsip Islam. Di Eropa, tulisan-tulisan Ibnu Rusyd diterjemahkan ke bahasa Latin, sehingga menjadi fondasi bagi kemajuan pemikiran skolastik dan memengaruhi figur-figur penting seperti Thomas Aquinas dan Albertus Magnus. Dengan cara itu, Ibnu Rusyd bertindak sebagai penghubung intelektual antara dunia Islam dan Barat. Oleh karenanya, penting untuk mengeksplorasi lebih mendalam peran serta pengaruh Ibnu Rusyd dalam membangun keterkaitan antara filsafat dan agama, serta kontribusinya terhadap evolusi pemikiran di dunia Barat. Ia juga dikenal sebagai filsuf, pakar fikih, serta komentator Aristoteles yang paling menonjol, sehingga memperoleh sebutan *The Commentator* di dunia Barat. Komitmennya dalam mempertahankan filsafat, khususnya ajaran Aristoteles.[1]

1.2 METODE PENELITIAN

Penulisan artikel ini menggunakan metode mengkaji literatur sekunder, seperti buku, artikel, dan tesis, yang berkaitan dengan Ibn Rusyd, mulai dari sumber primer seperti komentarnya terhadap Aristoteles (contohnya, Tahafut al-Tahafut) hingga karya modernnya. Dan menggunakan metode menganalisis teks dengan perspektif filosofis, seperti rasionalisme Ibn Rushd, konsep intelektual aktif, atau keseimbangan antara agama dan filsafat. Metode pengumpulan data adalah penelitian kepustakaan. Menyusun, menganalisis, dan meringkas data yang diperoleh, serta menarik kesimpulan tentang rasionalisme islam seorang tokoh filsuf Ibnu Rusyd, pembelaan terhadap karya Aristoteles, dan pengaruhnya di Eropa.[2]

[1] Muhammad Taufiqul Hidayat 1 , Zhalfa Luthfi Fauza 2 , Candra Swandi3 , NurfadilahHariandani4 , Bahaking Rama 5 1Universitas Muhammadiyah Makassar, Ibnu Rushd (1126–1198 M) Rasionalisme DalamIslamDanPembelaannya Terhadap Filsafat Aristoteles Serta PengaruhnyaPada Eropa Dan Dunia Barat. ULIL ALBAB : Jurnal Ilmiah Multidisiplin Vol.4, No.1, Desember2024

[2] Mujtahidin, M., & Oktarianto, M. L. (2022). Metode Penelitian Pendidikan Dasar: Kajian Perspektif Filsafat Ilmu. *Terampil: Jurnal Pendidikan Dan Pembelajaran Dasar, 9*(1), 95-106.

BAB II
HASIL DAN PEMBAHASAN

2.1 Biografi Ibnu Rusyd

Ibnu Rusyd, yang memiliki nama lengkap Abu al-Walid Muhammad ibn Ahmad ibn Muhammad ibn Rusyd, lahir di Cordoba pada tahun 520 H/1126 M. Di dunia Barat ia lebih dikenal dengan sebutan Averroes. Ia merupakan seorang dokter, ahli hukum, sekaligus filsuf yang sangat berpengaruh pada masa perkembangan filsafat Islam antara tahun 700–1200 M. Selain dikenal sebagai tokoh paling otoritatif dalam memberikan penjelasan dan komentar terhadap karya-karya Aristoteles, Ibnu Rusyd juga dianggap sebagai filsuf Muslim terkemuka yang berupaya menjembatani hubungan antara filsafat dan syariat (al-ittishâl bain al-hikmah wa al-syarî'ah).

Ibnu Rusyd berasal dari keluarga yang memiliki perhatian besar terhadap ilmu pengetahuan. Ayah dan kakeknya pernah menjabat sebagai kepala pengadilan di Andalusia, dan ia sendiri pernah menduduki sejumlah posisi penting, antara lain sebagai qâdlî (hakim) di Sevilla serta qadlî al-qudlât (hakim agung) di Cordoba. Selain terlibat dalam bidang hukum, ia juga aktif dalam kegiatan politik dan sosial. Sejak usia muda, Ibnu Rusyd memulai pendidikannya dengan mempelajari al-Qur'an, kemudian melanjutkan dengan berbagai disiplin ilmu keislaman seperti tafsir, hadis, fikih, dan sastra Arab. Setelah itu, ia menekuni ilmu-ilmu rasional meliputi matematika, fisika, astronomi, logika, filsafat, serta kedokteran. Dengan latar belakang keilmuan yang luas, tidak mengherankan jika ia dikenal sebagai seorang cendekiawan yang menguasai berbagai bidang ilmu. Kecerdasan dan kedalaman pemikiran Ibnu Rusyd tampak jelas dalam karya-karyanya. Dalam setiap tulisannya, ia biasanya membagi pembahasan ke dalam tiga bentuk, yakni komentar, kritik, dan pendapat pribadi.

Ia dikenal sebagai komentator sekaligus kritikus yang sangat terampil. Salah satu kontribusi terbesarnya adalah penjelasan terhadap karya-karya Aristoteles. Dalam ulasannya, ia tidak hanya memberikan penafsiran, tetapi juga memasukkan gagasan filosofisnya sendiri, suatu pendekatan yang belum pernah dilakukan oleh para filsuf sebelumnya. Melalui komentar dan kritiknya tersebut, namanya kemudian terkenal di Eropa. Pemikirannya mengenai Aristoteles memberikan pengaruh besar bagi para ilmuwan Barat hingga melahirkan sebuah aliran yang dikenal sebagai Averroisme. Selain mengulas karya-karya Aristoteles, Ibnu Rusyd juga memberikan komentar terhadap pemikiran filsuf Muslim terdahulu seperti al-Farabi, Ibnu Sina, Ibnu Bajjah, dan al-Ghazali. Banyak dari karya komentarnya diterjemahkan ke dalam bahasa Latin dan Ibrani, sehingga memperluas penyebaran pemikirannya di luar dunia Islam.[3]

[3] Siregar, N. (2021). Filsafat dan Peradaban Islam: Sebuah Analisis Historis dan Pemikiran Kontemporer. Yayasan Pustaka Nusantara.

2.2 Karier dan karya-karya Ibnu Rusyd

Rasionalisme Islam Klasik dalam Pemikiran Ibnu Rushd

Kekuatan nalar fiqh dalam kehidupan umat Islam, terutama dampak kuat dari pemikiran al-Asy'ari dan al-Ghazali, menjadi konteks dan pemicu bagi pemikiran rasionalistik Ibnu Rusyd. Dengan kecerdasan tinggi, pengetahuan luas, dan bakat filosofis mendalam, ia membangun ulang gagasan filosof sebelumnya untuk "menerangi" pemikiran umat Islam saat itu. Selain mengkaji filsafat al-Farabi dan Ibnu Sina, ia secara khusus memfokuskan pemikirannya pada filsafat Aristoteles (Al-Ahwani and Fuad 1962, 113). Melalui pendekatan ini, ia menentang dominasi ortodoksi agama dan fatalisme dalam keyakinan dengan argumen penalaran filosofis yang kuat. Bahkan, meskipun pemikirannya ditolak di dunia Islam, pada akhirnya ia terbukti mampu memicu kebangkitan dunia Barat melalui gerakan Renaissance.

Prestasi pemikiran Ibnu Rusyd yang radikal-rasionalistis dapat dianggap sebagai puncak kejayaan gelombang pemikiran skolastik di kalangan umat Islam. Jika sebelumnya dipelopori oleh al-Farabi dan Ibnu Sina, maka pemikiran Ibnu Rusyd berada di antara keduanya, meskipun lebih mirip dengan al-Farabi (Poerwantana 1988, 202). Secara keseluruhan, ia dikenal sebagai pengulas ulung pemikiran Aristoteles sekaligus pembelanya yang gigih.

Ibnu Rusyd memandang Aristoteles sebagai manusia sempurna dan pemikir terhebat yang telah mencapai kebenaran dengan kemungkinan kesalahan yang sangat kecil. Saat pertama kali memasuki dunia filsafat, ia tidak berniat membentuk aliran baru karena kekagumannya terhadap Aristoteles begitu besar. Ia berpendapat bahwa setiap upaya membentuk aliran filsafat setelah Aristoteles akan sia-sia dan pasti gagal, karena hanya Aristoteles yang dipilih Tuhan untuk memiliki filsafat. Oleh karena itu, ia lebih suka menyebutnya sebagai "filosof ketuhanan" (al-failasuf al-Ilahiyah), dan ia hanya ingin mendedikasikan hidupnya untuk menjelaskan filsafat Aristoteles serta gagasan-gagasannya yang sulit dipahami.

Namun, kenyataannya berbeda karena dua alasan. Pertama, filsafat Aristoteles sampai kepadanya melalui aliran Neo-Platonisme. Kedua, banyak gagasan Aristoteles yang masih kabur dan rumit untuk dipahami. Meskipun karya Aristoteles lebih teratur, rapi, dan sistematis dibandingkan karya Plato yang penuh rumus dan kiasan, tetap saja karya Aristoteles tidak lepas dari kejanggalan dan kesulitan. Kata-katanya sering tidak jelas, karena sering kali menghilangkan salah satu dasar pikiran silogisme dalam bidang fisika, metafisika, dan etika. Dengan kata lain, Aristoteles hanya mengkhususkan filsafat untuk orang-orang yang mampu menerimanya (Hanafi 1996). Bahkan, saat memasukkan filsafat Aristoteles ke dalam Islam, ada keharusan untuk melakukan "penyesuaian" terutama terkait batas-batas akidah. Itulah sebabnya, Ibnu Rusyd akhirnya membangun aliran filsafatnya sendiri, meskipun mungkin tidak disengaja. Karena pendapat-pendapatnya yang ia kembangkan sendiri itulah yang kemudian menempatkannya di jajaran filosof-filosof asli dengan corak pemikiran yang unik (Hanafi 1996).[4]

Berdasarkan rangkaian peristiwa dalam hidupnya serta genealogi pemikirannya yang "di luar kotak", karya-karya Ibnu Rusyd yang terselamatkan hanya sedikit. Di antaranya:

- *Tahafut al-Tahafut*, yang berisi pemikiran filsafat Ibnu Rusyd dan kritiknya terhadap karya al-Ghazali berjudul *Tahafut al-Falasifah*;
- *Bidayat al-Mujtahid wa Nihayat al-Muqtashid*, yang berisi pandangan dan uraian Ibnu Rusyd di bidang fiqh;
- *Fashl al-Maqal fi Ma baina al-Hikmah wa al-Syari'at min al-Ittishal*, yang berisi kajian tentang hubungan antara filsafat dan agama, serta upaya memadukannya;
- *Al-Kasyf 'an Manahij al-Adillat fi 'Aqa'id al-Millah*, yang berisi kritik terhadap metodologi para ahli kalam dan para sufi;
- *Syarh Kitab al-Sama' wa al-Ardl li Aristo*, yang berisi komentar dan tafsiran Ibnu Rusyd terhadap filsafat Aristoteles tentang langit dan bumi;
- *Syarh Kitab Ma Wara'a al-Tabi'ah li Aristo*, yang membahas metafisika menurut Aristoteles;
- *Al-Masa'il fi al-Falsafah*, yang berisi kajian dan pendapat Ibnu Rusyd seputar isu-isu filsafat;
- *Risalah fi Ta'alluq 'Ilm Allah 'an 'Adam Ta'alluqihi bi al-Juz'iyyat*, yang berisi pembahasan tentang hubungan ilmu Allah dengan hal-hal kecil;
- *Naqd Nadzariyat Ibn Sina 'an al-Mumkin li Dzatihi wa al-Mumkin li Ghairihi*, yang berisi kritik Ibnu Rusyd terhadap pandangan Ibnu Sina;
- *Risalah fi al-Wujud al-'azali wa al-Wujud al-Mu'aqqat*, yang berisi tentang keazalian dan keabadian alam; dan
- *Risalah fi al-'Aql wa al-Ma'qul*, yang membahas batas-batas kemampuan akal.[5]

2.3 Prinsip prinsip Ibnu Rusyd dalam hukum islam

- Maliki, Hanafi, Syafi'i dan Hambali
- Alquran, Hadist, Ijma' dan Qiyas, juga dengan tumpuan Maslahah Mursalah, Urf, Istishab, dan Istihsan.
- Ushul fiqih dan kaidah kaidahnya
- Sumber yang konsisten dengan sumber utama Al Quran dan Sunnah, melalui metode rasionalisasi yang tepat berdasarkan metode kebahasaan dan kaidah kaidah ushul fiqh.

Prinsip-prinsip yang dikembangkan oleh Ibn Rushd berasal dari guru-guru madzhabnya, yaitu empat imam utama, sehingga ia menyerap berbagai pandangan hukum dari mereka. Selain itu, metode inferensi hukumnya melibatkan penggunaan ijma', qiyas, urf,

[4] Kholis, N. (2017). Rasionalisme Islam Klasik Dalam Pemikiran Ibnu Rusyd. *International Journal Ihya''Ulum Al-Din, 19*(2).

[5] Kompasiana.com. "Pengaruh Pemikiran Filsuf Ibnu Rusyd bagi Bangsa Eropa." KOMPASIANA, 7 Januari 2020. https://www.kompasiana.com/randianuar/5e1445a8097f360e041a14e5/pengaruh pemikiran-filsuf-ibnu-rusyd-bagi-bangsa-eropa.

maslahah mursalah, istishab, dan istihsan. Dalam studi ilmiahnya untuk mengungkap prinsip-prinsip hukum, Ibn Rushd menerapkan usul al-fiqh dengan pendekatan rasional yang akurat, merujuk pada validitas dan aturan-aturan usul lainnya.

Metode ijtihad Ibn Rushd, sebagaimana dinyatakan dalam pengantar buku Bidayah al-Mujtahid wa Nihayah al-Muqtasid, menyatakan bahwa tujuan penulisan buku ini adalah untuk menjelaskan ajaran Islam secara lengkap beserta buktinya. Faktor-faktor yang sering memicu perdebatan umumnya terkait dengan interpretasi teks-teks Syariah (Majd, 1967). Hal ini mencerminkan kesepakatan di antara ulama Islam terkemuka atau bahkan menimbulkan perselisihan dan kontroversi dari era Sahabat hingga periode Taklid. Menurut pandangan Ibn Rusyd, aturan-aturan Islam harus diambil dari dua sumber utama yang sering dibahas dalam literatur, yaitu Al-Qur'an atau Sunnah (Rusyd, 2000).[6]

2.4 Tahun-Tahun Terakhir dan Wafatnya Ibnu Rusyd

Pada akhirnya, perjalanan karier Ibnu Rusyd tidak luput dari berbagai gejolak. Keterlibatannya yang mendalam dalam dunia filsafat serta pemikirannya yang sangat rasional membuatnya menjadi sasaran kritik dari kalangan ulama tradisional yang berpendirian keras. Ia bahkan dituduh menyebarkan gagasan yang dianggap menyimpang dari ajaran Islam yang resmi, sehingga berujung pada tindakan pengucilan terhadap dirinya.

Sebagai konsekuensinya, Ibnu Rusyd kemudian dipindahkan dan hidup dalam pengasingan di wilayah Maghribi (Maroko), tempat ia menghabiskan sisa usianya. Ia meninggal dunia di Marrakesh pada 10 Desember 1198 M (9 Safar 595 H).

Meskipun menjelang akhir hidupnya pihak penguasa sempat berupaya memulihkan namanya, pengalaman pengasingan dan kontroversi pemikirannya tetap meninggalkan jejak yang kuat dalam perjalanan intelektualnya. Walaupun sejumlah karya filsafatnya pernah dilarang dan bahkan dibakar pada masa hidupnya, Ibnu Rusyd tetap mewariskan kontribusi keilmuan yang sangat besar. Banyak karya pentingnya dapat bertahan melalui penerjemahan ke dalam bahasa Latin dan Ibrani, sehingga pemikirannya terus berkembang dan memberi pengaruh luas, terutama di dunia Barat.[7]

2.5 Rasionalisme dalam Islam: Pandangan Ibnu Rushd

Ibnu Rushd meyakini bahwa kebenaran bisa diraih melalui dua cara, yakni wahyu dan akal. Baginya, Al-Qur'an mendorong manusia untuk memanfaatkan akal guna memahami alam semesta dan mengenal Tuhan. Salah satu gagasan utamanya adalah tidak adanya konflik antara agama dan filsafat, karena keduanya yakni wahyu dan akal pada hakikatnya bertujuan sama, yaitu mencapai kebenaran.

Ibnu Rusyd secara pribadi menyatakan bahwa filsafat dan agama memiliki keterkaitan yang erat serta tidak memiliki alasan untuk saling bertentangan. Pendapat Ibnu Rusyd tersebut didukung oleh bukti dari Alquran, yakni QS. Al-Hasyr: 2 dan QS. Al-Isra: 84.

---

[6] RAUDHAH Proud To Be Professionals JurnalTarbiyahIslamiyah Volume x Nomor x Edisi Juni/Desember Tahun P-ISSN : 2541-3686 E-ISSN : 2746-2447

[7] Nata, A. (2018). Filsafat Pendidikan Islam: Relevansi dan Implikasi dalam Sistem Pendidikan di Indonesia. Remaja Rosdakarya

هُوَ الَّذِيْٓ اَخْرَجَ الَّذِيْنَ كَفَرُوْا مِنْ اَهْلِ الْكِتٰبِ مِنْ دِيَارِهِمْ لِاَوَّلِ الْحَشْرِۗ مَا ظَنَنْتُمْ اَنْ يَّخْرُجُوْا وَظَنُّوْٓا اَنَّهُمْ مَّانِعَتُهُمْ حُصُوْنُهُمْ مِّنَ اللّٰهِ فَاَتٰىهُمُ اللّٰهُ مِنْ حَيْثُ لَمْ يَحْتَسِبُوْا وَقَذَفَ فِيْ قُلُوْبِهِمُ الرُّعْبَ يُخْرِبُوْنَ بُيُوْتَهُمْ بِاَيْدِيْهِمْ وَاَيْدِى الْمُؤْمِنِيْنَۙ فَاعْتَبِرُوْا يٰٓاُولِى الْاَبْصَارِ ٢

"Dia-lah yang mengeluarkan orang-orang kafir di antara ahli kitab dari kampung-kampung mereka pada saat pengusiran yang pertama. kamu tidak menyangka, bahwa mereka akan keluar dan merekapun yakin, bahwa benteng-benteng mereka dapat mempertahankan mereka dari (siksa) Allah; Maka Allah mendatangkan kepada mereka (hukuman) dari arah yang tidak mereka sangka-sangka. dan Allah melemparkan ketakutan dalam hati mereka; mereka memusnahkan rumah-rumah mereka dengan tangan mereka sendiri dan tangan orang-orang mukmin. Maka ambillah (Kejadian itu) untuk menjadi pelajaran, Hai orang-orang yang mempunyai wawasan". (QS. Al-Hasyr 2).

قُلْ كُلٌّ يَّعْمَلُ عَلٰى شَاكِلَتِهٖۗ فَرَبُّكُمْ اَعْلَمُ بِمَنْ هُوَ اَهْدٰى سَبِيْلًا ٨

"Katakanlah: "Tiap-tiap orang berbuat menurut keadaannya masing masing". Maka Tuhanmu lebih mengetahui siapa yang lebih benar jalanNya". (QS. Al-Isra: 84) Kedua ayat tersebut menjelaskan bahwa manusia dianjurkan untuk berfilsafat atau berpikir secara mendalam. Fungsi agama sebenarnya adalah mencari kebenaran dan disinilah peran filsafat dibutuhkan. Dapat disimpulkan berdasarkan Alquran umat muslim diwajibkan untuk berfilsafat dan tidak apabila ada dalil yang berisi mengenai larangan berfilsafat, maka dalil tersebut harus ditafsirkan secara jelas terlebih dahulu. Dalam pemikirannya mengenai hubungan antara filsafat dan agama, ada tiga asumsi yang mendasari pemikiran tersebut:

a. Ad-Din Yujibu at-Tafalsuf (Agama mengandalkan dan mendorong untuk berfilsafat). Pandangan tersebut senada dengan yang dinyatakan Muhammad Yusuf Musa bahwa Thabi'ah al-Qur'an Tad'u li at-Tafalsuf (Karakter Alquran mengajak untuk berfilsafat). Terbukti banyaknya ayat yang menganjurkan untuk melakukan tadabbur, perenungan, pemikiran tentang alam, manusia dan juga Tuhan.

b. Anna as-Syar'a fihi Dhzahirun wa Batinun, yaitu bahwa Syariat itu terdiri dari dua dimensi, yaitu lahir dan batin. Dimensi lahir itu untuk konsumsi para fuqaha', sedang dimensi batin itu untuk konsumsi para filusuf.

c. Anna at-Ta'wil Dharuriyyun li al-Khairi as-Syari'ah wal Hikmah aw ad-Din wal Falsafah. Artinya, ta'wil merupakan suatu keharusan untuk kebaikan bagi syariat dan filsafat.[8]

Ibnu Rusyd menggunakan dua pendekatan: rasional dan syariat. Upayanya untuk menyelaraskan agama dan filsafat berakar kuat pada keyakinannya. Meskipun banyak filsuf berusaha membela filsafat tokoh-tokoh Islam, pendekatan terbaik adalah mendamaikan agama dan filsafat. Pendekatan ini melibatkan penempatan filsafat pada posisi yang tidak bertentangan dengan agama. Upaya Ibnu Rusyd untuk mendamaikan filsafat dan agama didasarkan pada empat prinsip: kewajiban filsafat menurut syariat, pemahaman eksternal dan internal, kewajiban penafsiran (ta'wil), kaidah dan prinsip penafsiran (ta'wil), dan hubungan antara akal dan wahyu.

[8] Mustofa Hasan, Sejarah Filsafat Islam (Bandung: Pustaka Setia, 2015), h. 169.

Ibnu Rusyd melihat bahwa keterkaitan antara akal dan wahyu dalam mengkaji suatu permasalahan saling memperkuat satu sama lain. Di mana terdapat hal-hal yang perlu ditangani oleh wahyu saja, dan ada pula yang perlu ditangani oleh wahyu serta akal. Dalam prosesnya, akal juga harus bersandar pada wahyu, terutama untuk hal-hal yang bersifat mendasar. Apabila wahyu dan akal tampak bertolak belakang, ta'wil bisa diterapkan untuk menemukan kebenaran. Cara yang digunakan Ibnu Rusyd untuk menghubungkan filsafat dan agama melibatkan metode qiyas dan ta'wil. Ibnu Rusyd menyatakan bahwa filsafat dan agama tidak saling berlawanan, dengan kata lain filsafat merupakan saudara kembar agama, sehingga keduanya bersama-sama mengejar hakikat suatu kebenaran. Penerapan ta'wil atau qiyas itu sendiri perlu disesuaikan dengan konteks. Ibnu Rusyd juga membagi manusia ke dalam tiga kelompok. Pembagian ini didasarkan pada perspektif manusia yang beragam dalam menilai atau mengungkap suatu kebenaran:

a. **Burhaniyyat (kalangan filsuf):** kelompok yang hanya mengandalkan argumen demonstratif (burhani), yaitu argumen yang didukung oleh proposisi yang bersifat aksiomatis.
b. **Jadaliyyat (kalangan pemikir/teolog):** kelompok yang mengandalkan argumen yang bersifat dialektik, yaitu argumen yang dibangun atas dasar yang bersifat dhanni.
c. **Khitabiyyat (kaum awam): kelompok:** yang mengandalkan argumen yang bersifat tekstual retorik, yaitu argumen yang lebih banyak didasarkan pada emosi ('atifah) daripada akal.[9]

1. Harmonisasi antara Filsafat dan Wahyu

Dalam karyanya *Tahafut al-Tahafut* (Inkoherensi Sang Penentang), Ibnu Rushd membela filsafat Aristoteles dari kritik al-Ghazali di *Tahafut al-Falasifah* (Inkoherensi Para Filosof). Ia menekankan bahwa filsafat dan wahyu tidak saling bertentangan. Jika ada perbedaan antara penafsiran teks agama dan filsafat, teks agama harus ditafsirkan secara metaforis atau alegoris. Ia yakin wahyu dan akal saling mendukung untuk mencapai kebenaran.

2. Akal sebagai Alat untuk Memahami Wahyu

Ibnu Rushd berpendapat bahwa Al-Qur'an sendiri menganjurkan penggunaan akal untuk memahami ajaran agama. Banyak ayatnya mengajak manusia berpikir dan merenungkan alam semesta. Dalam karya utamanya, *Fasl al-Maqal* (Keputusan Penentu), ia menyatakan bahwa para filosof yang memahami Al-Qur'an lewat akal adalah mereka yang menjalankan perintah Tuhan untuk menggunakan nalar mereka.

3. Pengaruh Aristoteles dalam Pemikiran Ibnu Rushd

Sebagai komentator utama Aristoteles, Ibnu Rushd sangat terpengaruh oleh rasionalisme filsuf Yunani itu. Ia melihat filsafat Aristoteles sebagai pendekatan paling logis untuk

---

[9] Konstruksi Filsafat Ibnu Rusyd Dan Pengaruhnya Terhadap Peradaban Barat Muhammad Asep Setiawan UIN Raden Intan Lampung. Indonesian Journal of Islamic Theology and Philosophy P-ISSN 2656-8748, E-ISSN: - 2686-4304 http://ejournal.radenintan.ac.id/index.php/ijitp DOI: http://dx.doi.org/10.24042/ijitp.v4i1.9469 Volume. 4, No.1 Juni Tahun 2022, h.21-40

memahami alam semesta. Bagi Ibnu Rushd, ajaran Aristoteles tentang alam yang bisa dipahami melalui logika dan kausalitas sangat cocok dengan ajaran Islam, yang menekankan adanya keteraturan dan hukum sebab-akibat dalam ciptaan Tuhan (Rahman, 2017: 75).[10]

2.6 Pertahanan atas Filsafat Aristoteles

Aristoteles dan Pemikirannya

Aristoteles (384-322 SM) merupakan seorang filsuf Yunani yang memberikan sumbangan besar di berbagai disiplin, seperti logika, etika, metafisika, serta ilmu pengetahuan alam. Ide-idenya menjadi dasar bagi banyak aliran filsafat, termasuk filsafat Islam (Alwi, 2020: 50).[11]

2.7 Dampak Pertahanan Ibnu Rushd

Pengaruh di Dunia Islam

Gagasan Ibnu Rushd memberikan dampak besar pada perkembangan filsafat di dunia Islam. Ia mendorong para pemikir Islam untuk menjelajahi karya-karya Yunani, yang membantu memicu perdebatan intelektual dan kemajuan ilmu pengetahuan [12]

2.8 Pengaruh falsafah ibn rusyd dibarat (Eropa)

Pemikiran filsafat Ibn Rusyd menyebar ke dunia Barat melalui proses penerjemahan berbagai karyanya. Aliran Averroisme kemudian mengembangkan aspek rasionalisme dari pemikiran Ibn Rusyd. Mereka sangat mengagumi Ibn Rusyd, namun lebih menekankan pada kebebasan berpikir tanpa banyak memperhatikan usaha Ibn Rusyd dalam menyelaraskan antara filsafat dan agama, yang sebenarnya merupakan inti utama dari filsafatnya. Akibatnya, fokus mereka lebih kepada aspek rasional daripada nilai rekonsiliasi antara akal dan wahyu dalam pemikiran Ibn Rusyd.[13]

Pada masa abad ke-12 dan ke-13, banyak karya Ibnu Rushd dialihbahasakan ke bahasa Latin oleh para ilmuwan Eropa, khususnya di Toledo, Spanyol, yang dikenal sebagai pusat penerjemahan penting bagi teks-teks ilmiah dan filosofis dari dunia Islam ke bahasa Latin. Penerjemah di Toledo memegang peranan vital dalam memperkenalkan pemikiran Ibnu Rushd kepada para pemikir Eropa, terutama dalam konteks interpretasi filsafat Aristoteles (Habibi, 2019). Salah satu kontribusi utama Ibnu Rushd yang berpengaruh di Eropa adalah tafsirnya terhadap filsafat Aristoteles, termasuk pengenalan konsep "akal aktif" (active intellect), yang memberikan dampak signifikan pada berbagai aliran pemikiran filsafat di wilayah tersebut.[14]

Dari perspektif rasionalitas dan filsafat, Ibn Rushd memang menonjol dengan berbagai kelebihan yang membawa perspektif baru dan semangat segar dalam perkembangan peradaban Barat, serta berhasil membebaskan Eropa dari belenggu dominasi gereja. Kedatangan gagasan Ibn Rushd memicu gelombang perubahan dalam kebebasan berpikir yang secara jelas memisahkan agama dan ilmu pengetahuan. Berbasis pada pemikiran

[10] Rahman, F. (2017). Etika dan Moralitas dalam Islam. USU Press.
[11] Alwi, A. (2020). Filsafat dan Pendidikan: Refleksi Pemikiran Islam. Gramedia Pustaka Utama
[12] Sukardi, B. (2021). Dialog Filsafat dan Teologi: Membangun Jembatan Pemahaman. Penerbit Pustaka Pelajar
[13] Ridwan hamid. UIN Syarif Hidayatullah Jakarta: fakultas Ushuluddin dan filsafat . 2011
[14] Habibi, A. (2019). Komunikasi Massa dan Media Baru di Era Digital. Gadjah Mada University Press.

Aristotelian, ia memperkenalkan cara berpikir inovatif yang masih belum jelas dalam peradaban pada masa itu. Semangat menerjemahkan dan memahami ayat-ayat suci mulai menyebar di seluruh Eropa. Komunitas Yahudi dan Kristen mulai menemukan kesamaan antara filsafat dan ajaran agama, yang pada akhirnya melahirkan teolog dan pemikir bawah tanah sebagai simbol perlawanan terhadap kekuasaan gereja yang arogan dan mutlak. (Rusyd, 2000)

Di Eropa, gagasan Ibnu Rushd berperan sebagai fondasi utama bagi Scholasticism, yaitu aliran filsafat yang berkembang di perguruan tinggi Eropa selama Abad Pertengahan. Para pemikir Scholastik, seperti Thomas Aquinas, mendapat inspirasi dari karya-karya Ibnu Rushd, walaupun mereka sering kali memiliki pandangan berbeda mengenai keterkaitan antara iman dan nalar (Nurbaiti, 2021: 75). Namun, Ibnu Rushd tetap dihormati atas pengenalan pendekatan rasional dalam memahami alam semesta dan ajaran agama.[15]

2.9 Pengaruh Ibnu Rushd di Dunia Barat (Modern).

Menurut Wijaya, T (2019) dampak Ibnu Rushd di dunia Barat modern terlihat dalam kemajuan pemikiran rasionalis dan sekularisme. Pemisahan antara agama dan ilmu pengetahuan, yang menjadi karakteristik utama pemikiran modern, sebagian dapat dilacak kembali ke ajaran Ibnu Rushd tentang peran penting nalar dalam memahami alam. Ibnu Rushd juga berfungsi sebagai tokoh kunci bagi gerakan sekularisme di dunia Muslim dan Barat, dengan pandangan bahwa agama dan filsafat dapat eksis secara paralel tanpa konflik.

Selain di bidang filsafat, pengaruh Ibnu Rushd juga tampak dalam dunia kedokteran. Sebagai praktisi medis, karyanya yang berjudul Kitab al-Kulliyat, atau Colliget dalam bahasa Latin, membahas berbagai topik kedokteran, seperti anatomi, fisiologi, dan farmakologi. Karya ini menjadi sumber rujukan penting di universitas-universitas Eropa pada masa Abad Pertengahan.[16]

---

[15] Nurbaiti, F. (2021). Kajian Linguistik: Teori dan Penerapan. Airlangga University Press.

[16] Wijaya, T. (2019). Pendidikan Karakter di Era Globalisasi. Deepublish

BAB III
PENUTUP

3.1 KESIMPULAN

Ibnu Rusyd, atau Averroes, termasuk di antara filsuf paling penting dalam warisan intelektual Islam, dengan dampak mendalam baik di wilayah Islam maupun Eropa. Ia dikenal luas sebagai praktisi medis, spesialis hukum, dan pemikir rasional yang memberikan ulasan serta kritik tajam terhadap tulisan-tulisan Aristoteles. Oleh karena itu, ia mendapat gelar The Commentator di Barat.

Ide-ide Ibnu Rusyd berupaya menyatukan filsafat dengan ajaran wahyu, dengan keyakinan bahwa nalar dan agama tidak saling berlawanan. Baginya, ayat-ayat Al-Qur'an bisa diartikan secara kiasan jika ada pertentangan dengan bukti rasional. Ia menegaskan perlunya nalar dalam memahami doktrin agama.

Melalui karya-karyanya, seperti Tahafut al-Tahafut, Fasl al-Maqal, dan sejumlah komentar atas karya Aristoteles, Ibnu Rusyd menyangkal pandangan al-Ghazali yang melihat filsafat sebagai bahaya bagi iman. Ia malah menyatakan bahwa filsafat mendukung penemuan kebenaran yang sejalan dengan agama.

Selain itu, Ibnu Rusyd membagi pendekatan manusia dalam mencapai kebenaran menjadi tiga golongan: (1) Burhaniyyun (para filsuf) yang menerapkan argumen

demonstratif. (2) Jadaliyyun (para teolog) yang menggunakan argumen dialektis. (3) Khitabiyyun (orang awam) yang mengandalkan argumen retorik yang bersifat emosional.

Pemikirannya dianggap sangat radikal dan rasional untuk masa itu, karena menantang norma teologi konvensional. Meskipun ditolak keras di dunia Islam, gagasan Ibnu Rusyd memicu perubahan signifikan di Eropa, khususnya selama periode Renaissance melalui aliran Averroisme.

Secara keseluruhan, Ibnu Rusyd berhasil:

- Merevitalisasi rasionalisme dalam tradisi Islam.
- Bertindak sebagai penghubung intelektual antara dunia Islam dan Barat.
- Menyediakan landasan bagi kemajuan filsafat skolastik di Eropa.
- Membuktikan bahwa nalar dan wahyu dapat berkolaborasi untuk mencapai kebenaran.

3.2 SARAN

Penelitian ini adalah studi pustaka tentang rasionalisme dalam konstruksi hukum Islam, pembelaannya terhadap Tokoh Aristoteles, dan pengaruhnya di Eropa. Ibnu Rusyd yang menjadi satu konsep dasar pemikiran, alangkah baiknya bila teori teori diatas dapat dihubungkan dan dibandingkan dengan persoalan lain mengenai jalur lintasan berfikir filsafat yang lain dalam kajian yang lebih lengkap dan komperehensif di kemudian hari.

DAFTAR PUSTAKA

ULIL ALBAB : Jurnal Ilmiah Multidisiplin Vol.4, No.1, Desember2024.

Siregar, N. (2021). Filsafat dan Peradaban Islam: Sebuah Analisis Historis dan Pemikiran Kontemporer. Yayasan Pustaka Nusantara.

Kholis, N. (2017). Rasionalisme Islam Klasik Dalam Pemikiran Ibnu Rusyd. International Journal Ihya''Ulum Al-Din, 19(2).

Kompasiana.com. "Pengaruh Pemikiran Filsuf Ibnu Rusyd bagi Bangsa Eropa." KOMPASIANA,(7 januari 2020)

RAUDHAH Proud To Be Professionals JurnalTarbiyahIslamiyah Volume x Nomor x Edisi Juni/Desember Tahun P-ISSN : 2541-3686 E-ISSN : 2746-2447

Nata, A. (2018). Filsafat Pendidikan Islam: Relevansi dan Implikasi dalam Sistem Pendidikan di Indonesia. Remaja Rosdakarya.

Mustofa Hasan, Sejarah Filsafat Islam (Bandung: Pustaka Setia, 2015), h. 169. Konstruksi Filsafat Ibnu Rusyd Dan Pengaruhnya Terhadap Peradaban Barat.

Muhammad Asep Setiawan UIN Raden Intan Lampung. Indonesian Journal of Islamic Theology and Philosophy P-ISSN 2656-8748

Mujtahidin, M., & Oktarianto, M. L. (2022). Metode Penelitian Pendidikan Dasar: Kajian Perspektif Filsafat Ilmu. *Terampil: Jurnal Pendidikan Dan Pembelajaran Dasar*, *9*(1), 95-106.

Rahman, F. (2017). Etika dan Moralitas dalam Islam. USU Press.

Alwi, A. (2020). Filsafat dan Pendidikan: Refleksi Pemikiran Islam. Gramedia Pustaka Utama.

Sukardi, B. (2021). Dialog Filsafat dan Teologi: Membangun Jembatan Pemahaman. Penerbit Pustaka Pelajar

Ridwan hamid. UIN Syarif Hidayatullah Jakarta: fakultas Ushuluddin dan filsafat. 2011

Habibi, A. (2019). Komunikasi Massa dan Media Baru di Era Digital. Gadjah Mada University Press.

Nurbaiti, F. (2021). Kajian Linguistik: Teori dan Penerapan. Airlangga University Press.

Wijaya, T. (2019). Pendidikan Karakter di Era Globalisasi. Deepublish

MANUSIA SEMPURNA (AL - INSAN AL – KAMIL)

BAB I

PENDAHULUAN

1.1 LATAR BELAKANG

Ibnu 'Arabi merupakan salah satu tokoh paling berpengaruh dalam sejarah pemikiran Islam, khususnya dalam perkembangan Irfan dan sufisme teoretis. Pemikirannya tidak hanya memberikan penjelasan metafisik yang mendalam mengenai realitas wujud, tetapi juga membangun kerangka konseptual baru yang memengaruhi para sufi, filosof, dan teolog pada generasi berikutnya. Kerumitan dan kedalaman gagasannya menempatkan Ibnu 'Arabi sebagai figur kunci dalam studi tasawuf filosofis yang terus diteliti hingga masa modern.

Di antara gagasan terpenting Ibnu 'Arabi adalah doktrin Wahdat al-Wujud, yaitu pandangan tentang kesatuan keberadaan yang menjadi dasar dalam menjelaskan hubungan antara Tuhan dan alam semesta. Konsep ini tidak hanya memberikan fondasi ontologis bagi pemahaman tentang realitas Ilahi, tetapi juga menjadi tema perdebatan intelektual yang panjang dalam tradisi ilmiah Islam.

Selain itu, pemaknaannya terhadap konsep al-Insan al-Kamil memperlihatkan kedudukan manusia sebagai cerminan sempurna sifat-sifat Tuhan. Melalui konsep ini, posisi nabi dan wali dipahami sebagai pusat kosmik (mikrokosmos) yang memainkan peran penting dalam manifestasi Ilahi. Pemikiran ini menawarkan perspektif antropologis yang unik dan memengaruhi banyak ulama serta sufi sesudahnya.

Dalam menjelaskan hubungan antara alam fisik dan realitas spiritual, Ibnu 'Arabi juga mengembangkan konsep Khayal (imajinasi kreatif) dan dunia imaginal ('Alam al-Mitsal). Kedua konsep ini berfungsi sebagai jembatan epistemologis yang memungkinkan manusia memahami proses tajalli atau penyingkapan Ilahi.

Gagasan ini memperluas cara pandang tentang pengalaman mistik, karena memberikan legitimasi intelektual bagi pengalaman spiritual yang tidak sepenuhnya dapat dijelaskan melalui akal semata.

Kedudukan Ibnu 'Arabi semakin menguat melalui karya-karyanya yang monumental, seperti Fushush al-Hikam dan al-Futuhat al-Makkiyah. Karya-karya ini tidak hanya menjadi landasan dalam kajian mistisisme Islam, tetapi juga membentuk tradisi wacana yang berpengaruh hingga masa kini. Melalui tulisan-tulisan tersebut, pemikirannya tersebar luas dan menjadi sumber utama dalam perkembangan berbagai aliran sufisme dan irfan.

Tidak dapat dipungkiri bahwa pengaruh Ibnu 'Arabi melampaui batas geografis dan zaman. Pemikirannya memberi dampak signifikan terhadap formulasi teologi, filsafat Islam, dan tafsir sufistik pada era setelahnya. Para intelektual dari Timur hingga Barat mengembangkan, mengkritik, atau mengadopsi sebagian ide-idenya sebagai bagian dari dinamika intelektual Islam.

Dengan mempertimbangkan kompleksnya pemikiran dan luasnya pengaruh tersebut, kajian terhadap Ibnu 'Arabi menjadi sangat penting. Penelitian ini diharapkan dapat memberikan gambaran komprehensif mengenai kontribusi intelektual Ibnu 'Arabi dan relevansinya bagi dinamika perkembangan tasawuf teoretis serta pemikiran Islam secara keseluruhan.

1.2 RUMUSAN MASALAH

1. Siapakah Ibnu 'Arabi dan bagaimana perannya dalam perkembangan Gnosis (Irfan) atau Sufisme Teoretis?

2. Apa yang dimaksud dengan doktrin Wahdat al-Wujud menurut Ibnu 'Arabi, dan bagaimana konsep ini menjelaskan hubungan antara Tuhan dan alam semesta?

3. Bagaimana konsep Manusia Sempurna (al-Insan al-Kamil) dipahami dalam pemikiran Ibnu 'Arabi, khususnya terkait fungsi nabi dan wali sebagai mikrokosmos?

4. Apa peran imajinasi kreatif (Khayal) dan dunia imaginal ('Alam al-Mitsal) dalam memahami proses tajalli dan pengalaman spiritual?

5. Apa saja karya monumental Ibnu 'Arabi dan bagaimana kontribusinya terhadap pembentukan wacana mistisisme Islam?

6. Sejauh mana signifikansi pengaruh Ibnu 'Arabi terhadap perkembangan Sufisme, teologi, dan filsafat Islam setelahnya?

1.3 TUJUAN PENULISAN

1. Menjelaskan identitas intelektual dan biografi singkat Ibnu 'Arabi serta menggambarkan perannya dalam perkembangan tradisi Gnosis (Irfan) dan sufisme teoretis dalam khazanah pemikiran Islam.

2. Menguraikan doktrin Wahdat al-Wujud menurut perspektif Ibnu 'Arabi dan menjelaskan bagaimana konsep tersebut memberikan pemahaman mengenai hubungan antara Tuhan, alam semesta, dan realitas keberadaan.

3. Menganalisis konsep al-Insan al-Kamil dalam pemikiran Ibnu 'Arabi, khususnya menyangkut posisi nabi dan wali sebagai mikrokosmos dan refleksi sifat-sifat Ilahi.

4. Menjelaskan peran imajinasi kreatif (Khayal) dan dunia imaginal ('Alam al-Mitsal)* dalam memahami mekanisme tajalli serta bagaimana keduanya menjadi instrumen epistemologis dalam pengalaman spiritual.

5. Mengidentifikasi dan mengkaji karya-karya monumental Ibnu 'Arabi, serta menilai kontribusinya dalam membentuk dan memperkaya wacana mistisisme Islam.

6. Menganalisis sejauh mana pengaruh pemikiran Ibnu 'Arabi dalam perkembangan sufisme, teologi, dan filsafat Islam pada periode-periode sesudahnya, baik dari aspek penerimaan, penafsiran ulang, maupun perdebatan intelektual yang muncul.

BAB II

PEMBAHASAN

2.1. "IBNU 'ARABI DAN PERANNYA DALAM PERKEMBANGAN GNOSIS (IRFAN) DAN SUFISME TEORETIS"

Ibnu 'Arabi, yang memiliki nama lengkap Muḥyī al-Dīn Muḥammad ibn 'Alī ibn Muḥammad al-Ṭā'ī al-Ḥātimī, merupakan salah satu figur sentral dalam sejarah pemikiran Islam. Lahir pada tahun 1165 M di Murcia, Spanyol, beliau tumbuh dalam lingkungan intelektual Andalusia yang kaya dengan tradisi keilmuan, filsafat, dan tasawuf. Kedalaman spiritualitas yang dibarengi dengan keluasan wawasan intelektual menjadikan Ibnu 'Arabi dikenal sebagai al-Shaykh al-Akbar, sebuah gelar kehormatan yang menggambarkan kedudukannya sebagai guru besar dalam khazanah sufisme Islam. Sejak masa mudanya, Ibnu 'Arabi telah menunjukkan kecenderungan kuat terhadap kehidupan kontemplatif dan pengembaraan spiritual, hingga ia memantapkan diri sebagai salah satu arsitek utama sufisme teoretis atau al-taṣawwuf al-naẓarī.

Peran Ibnu 'Arabi dalam perkembangan Gnosis (Irfan) sangat signifikan karena ia tidak hanya mengandalkan pengalaman mistik personal, tetapi juga membangun suatu sistem pemikiran metafisik yang terstruktur. Dengan demikian, sufisme tidak lagi dipandang sekadar sebagai praktik spiritual atau laku asketis, tetapi menjadi suatu disiplin intelektual yang menawarkan pemahaman mendalam tentang realitas wujud. Kajian modern menegaskan bahwa Ibnu 'Arabi memiliki andil besar dalam membentuk struktur filsafat ketuhanan dan kosmologi mistik. Jurnal Transformasi Konsep Wahdat al-Wujud menggarisbawahi bahwa pemikiran Ibnu 'Arabi merupakan fondasi yang memengaruhi perkembangan filsafat dan tasawuf di dunia Islam, termasuk wilayah Nusantara, di mana konsep-konsepnya mengalami proses reinterpretasi dan adaptasi oleh para ulama sufi lokal

"Posisi Ibnu 'Arabi dalam Tradisi Sufisme"

Dalam tradisi tasawuf, ulama biasanya dibagi ke dalam dua kategori: sufi praktis (sufiyah al-'amaliyyah) dan sufi teoretis (sufiyah al-naẓariyyah). Sufi praktis berfokus pada pengasahan diri melalui zikir, muraqabah, riyadah, dan laku spiritual lainnya. Sementara sufi teoretis berusaha merumuskan pengalaman batin ke dalam kerangka konseptual yang dapat dipelajari, dianalisis, dan diajarkan. Ibnu 'Arabi berhasil mengintegrasikan kedua aspek ini secara seimbang. Pengalaman mistik mendalam yang ia alami—seperti perjumpaan dengan figur-figur spiritual dan intuisi ketuhanan—diterjemahkannya menjadi teori-teori metafisika yang sangat kompleks namun sistematis.

Lebih jauh, Ibnu 'Arabi memperluas cakupan tasawuf yang sebelumnya hanya berupa perilaku etis dan ritual spiritual menjadi disiplin filosofis yang membahas aspek-aspek fundamental seperti hakikat wujud, relasi antara Tuhan dan ciptaan, struktur kosmos, hingga hakikat manusia. Hal inilah yang membedakannya dari banyak sufi sebelumnya seperti Rabi'ah al-'Adawiyah, al-Junayd, atau al-Hallaj; mereka lebih menekankan aspek pengalaman, sedangkan Ibnu 'Arabi menyusunnya menjadi struktur teoretis yang komprehensif.

"Ibnu 'Arabi sebagai Bapak Sufisme Teoretis"

Sufisme teoretis (tasawuf nazari) tidak dapat dipisahkan dari kontribusi Ibnu 'Arabi. Ia memperkenalkan terminologi-terminologi baru, membangun kerangka berpikir metafisik, serta memberikan penjelasan rasional bagi pengalaman spiritual. Dalam konteks ini, sufisme menjadi disiplin yang memadukan:

1. Ontologi – pembahasan tentang realitas wujud
2. Epistemologi – pembahasan tentang cara manusia mengetahui Tuhan
3. Antropologi spiritual – pembahasan tentang hakikat manusia
4. Kosmologi – pembahasan tentang struktur alam semesta
5. Aksiologi – pembahasan tentang nilai, moral, dan tujuan penciptaan

Melalui pendekatan tersebut, Ibnu 'Arabi menunjukkan bahwa pengetahuan spiritual bukanlah hasil imajinasi, tetapi puncak dari 'ilm laduni, yaitu pengetahuan intuitif yang dianugerahkan kepada hati yang suci.

Pengaruh Ibnu 'Arabi dalam Tradisi Irfan

Dalam tradisi Irfan, terutama di dunia Islam Timur (Persia dan kawasan Indo-Timur), Ibnu 'Arabi menjadi salah satu tokoh fondasional. Para arif seperti Al-Qunawi, Al-Jili, Mulla Sadra, dan banyak tokoh setelahnya mengembangkan konsep-konsepnya, terutama dalam pembahasan Wahdat al-Wujud, al-Insan al-Kamil, dan teori tajalli. Menurut penelitian UGM mengenai insan kamil, konsep ini tidak hanya memiliki kedalaman ontologis, tetapi juga menyentuh aspek epistemologis dan spiritual melalui pengetahuan tentang al-Haqq dan al-khalq

Hubungan antara irfan dan pemikiran Ibnu 'Arabi dapat dilihat melalui tiga kontribusi utama:

1. Penyusunan sistem metafisika wujud yang koheren
2. Penegasan tentang peran manusia sebagai pusat kosmos
3. Pembukaan pintu bagi interpretasi simbolik dan imaginal dalam memahami teks-teks keagamaan

Kontribusi ini membuat Irfan tidak hanya berkembang sebagai tradisi tasawuf, tetapi sebagai salah satu cabang filsafat Islam yang memiliki karakter mistik.

2.2 DOKTRIN *WAHDAT AL-WUJUD* MENURUT IBNU 'ARABI DAN PENJELASANNYA TENTANG HUBUNGAN TUHAN–ALAM SEMESTA

Konsep *Wahdat al-Wujud* atau Kesatuan Wujud merupakan salah satu gagasan paling monumental dan kontroversial dalam sejarah pemikiran Islam. Meskipun tidak pernah secara eksplisit menggunakan istilah tersebut dalam karya-karyanya, Ibnu 'Arabi dianggap sebagai tokoh yang membangun sistem metafisik yang kemudian dinamai

Wahdat al-Wujud oleh para pengikut dan pengkritiknya. Konsep ini tidak sekadar membahas kesatuan ontologis antara Tuhan dan makhluk, tetapi juga menggambarkan mekanisme bagaimana alam semesta muncul dari Realitas Tunggal melalui proses *tajalli* (manifestasi Ilahi). Melalui gagasan ini, Ibnu 'Arabi menempatkan hubungan Tuhan dan alam pada struktur *oneness* yang dinamis, namun tetap mempertahankan prinsip tauhid secara ketat.

Jurnal *Transformasi Konsep Wahdat al-Wujud* menegaskan bahwa doktrin ini merupakan pandangan bahwa seluruh realitas adalah manifestasi bertingkat dari Tuhan, yang terjelma melalui pancaran wujud Ilahi secara terus-menerus. Tuhan adalah *al-Wujud al-Haqq*, satu-satunya wujud hakiki, sedangkan segala sesuatu selain-Nya adalah tajalli yang bergantung sepenuhnya pada-Nya 25475-66869-1-PB. Dengan demikian, *Wahdat al-Wujud* bukanlah panteisme yang menyamakan Tuhan dengan makhluk, tetapi suatu pandangan metafisik tentang ketergantungan wujud makhluk kepada Wujud Mutlak.

Realitas Tunggal sebagai Basis Ontologis

Dalam kerangka pemikiran Ibnu 'Arabi, wujud hanya satu: Wujud Tuhan. Makhluk-makhluk tidak memiliki wujud secara mandiri; keberadaan mereka hanyalah "bayangan" dari Wujud Ilahi. Dalam *Futuhat al-Makkiyyah*, Ibnu 'Arabi menegaskan bahwa hakikat wujud adalah "sinar" Tuhan yang memancar dalam berbagai bentuk. Alam semesta dengan seluruh keberagamannya tidak memiliki realitas tersendiri kecuali sebagai penampakan dari satu keberadaan Ilahi.

Pendekatan ini dijelaskan dalam penelitian transformasi wahdat al-wujud, bahwa realitas alam merupakan "pancaran berlapis" (*tajalli mutakarrir*) dari Wujud Mutlak, yang memungkinkan manusia memahami keberadaan sebagai proses dinamis, bukan entitas statis 25475-66869-1-PB. Ibnu 'Arabi membagi realitas menjadi tiga lapis:

1. Tuhan sebagai Realitas Mutlak – Wujud yang Murni
2. Alam A'yan Tsabitah – Potensi wujud yang masih berada di dalam ilmu Tuhan
3. Alam Syahadah – Dunia nyata sebagai manifestasi dari potensi-potensi tersebut

Relasi antara ketiganya bersifat ontologis dan epistemologis sekaligus. Tuhan adalah sumber realitas, A'yan Tsabitah adalah blueprint kosmik, sementara alam semesta adalah tajalli aktual dari blueprint tersebut.

Tajalli sebagai Mekanisme Penciptaan

Dalam teori *Wahdat al-Wujud*, penciptaan tidak dipahami sebagai tindakan linear (seperti "Allah menciptakan alam di waktu tertentu"), tetapi sebagai proses *tajalli* tanpa henti. *Tajalli* adalah proses penyingkapan Tuhan melalui Nama-nama dan Sifat-sifat-Nya dalam bentuk ciptaan.

Menurut jurnal *Transformasi Konsep Wahdat al-Wujud*, Ibnu 'Arabi memahami tajalli sebagai pancaran yang "terus berulang dan tidak pernah berhenti", yang menggambarkan kedekatan ontologis antara Tuhan dan makhluk tanpa meniadakan perbedaan esensial keduanya 25475-66869-1-PB. Ada tiga bentuk tajalli:

1. Tajalli Dzat

Tidak dapat dipahami oleh akal manusia; merupakan penyingkapan Tuhan pada realitas tertinggi.

2. Tajalli Sifat

Tuhan menyingkapkan sifat-sifat-Nya seperti Rahman, Rahim, Qadir, Alim.

3. Tajalli Af'al

Peningkapan Tuhan melalui tindakan-tindakan-Nya, yaitu alam dan seluruh peristiwa di dalamnya.

Dalam dunia manusia, tajalli hadir dalam bentuk pengalaman spiritual, wahyu, intuisi, dan imajinasi kreatif.

Hubungan Tuhan dan Alam: Tashbih dan Tanzih

Salah satu keindahan sistem Ibnu 'Arabi adalah kemampuannya menjaga keseimbangan antara:

- Tashbih – kedekatan Tuhan dengan makhluk
- Tanzih – keterpisahan mutlak Tuhan dari makhluk

Bagi Ibnu 'Arabi, Tuhan dekat dalam tajalli-Nya, tetapi tetap transenden pada dzat-Nya. Alam adalah cermin Tuhan, tetapi bukan Tuhan itu sendiri.

Seperti dijelaskan dalam jurnal, konsep *Wahdat al-Wujud* yang dikembangkan ulama Nusantara mengikuti pola pemikiran Ibnu 'Arabi: alam dipahami sebagai tanda-tanda Tuhan yang hadir pada setiap wujud, sehingga menghasilkan pemahaman inklusif dan kosmologis yang mendalam tentang keberagaman makhluk 25475-66869-1-PB.

Realitas Alam dan Kesadaran Manusia

Ibnu 'Arabi menegaskan bahwa manusia adalah satu-satunya makhluk yang mampu memahami tajalli Tuhan secara menyeluruh. Hal ini juga ditegaskan dalam jurnal UGM mengenai insan kamil bahwa manusia sempurna adalah *al-kawn al-jami'*, yaitu miniatur dari seluruh kosmos yang mampu mencerminkan Nama-nama Ilahi secara lengkap S2-2020-437154-abstract. Dalam konteks *Wahdat al-Wujud*, manusia tidak hanya memahami dunia, tetapi juga memahami dirinya sebagai bagian dari jaringan tajalli. Pengetahuan ini membuat manusia memandang alam:

- bukan sebagai benda mati,
- melainkan sebagai ayat-ayat Tuhan,
- simbol manifestasi Ilahi,

- serta medium untuk mengenal Tuhan.

Dari sini lahirlah pandangan ekologis dan etis dalam sufisme — bahwa merusak alam berarti merusak harmoni kosmik.

2.3 KONSEP *MANUSIA SEMPURNA* (AL-INSAN AL-KAMIL) DALAM PEMIKIRAN IBNU 'ARABI SERTA KAITANNYA DENGAN PERAN NABI DAN WALI SEBAGAI MIKROKOSMOS

Konsep *al-Insan al-Kamil* merupakan puncak antropologi spiritual dalam pemikiran Ibnu 'Arabi dan menjadi salah satu kontribusi paling monumental yang memengaruhi tradisi tasawuf, irfan, hingga filsafat Islam. Sebagaimana dijelaskan dalam penelitian UGM, *insan kamil* dipahami sebagai manifestasi paling sempurna dari Tuhan, karena hanya manusia yang mampu menghimpun seluruh sifat Ilahi dan realitas kosmik dalam dirinya. Manusia sempurna merupakan "entitas yang menyatukan seluruh alam dalam satu diri" atau *al-kawn al-jāmi'*

S2-2020-437154-abstract Secara esensial, Ihsan al-Kamil merupakan konsep yang menggabungkan ontologi, kosmologi, dan epistemologi. Ia tidak hanya menggambarkan kedudukan manusia dalam struktur wujud, tetapi juga menjelaskan tugas spiritual manusia sebagai cermin Ilahi, pusat kosmos, dan mediator antara *al-Haqq* (Tuhan) dan *al-khalq* (makhluk). Dalam kerangka ini, nabi dan wali ditempatkan sebagai bentuk aktual dari insan kamil, yakni manusia yang mencapai kesempurnaan pengetahuan, kesempurnaan moral, dan kesempurnaan tajalli.

Dasar Ontologis Konsep Insan Kamil

Ibnu 'Arabi menegaskan bahwa manusia memiliki dimensi unik yang tidak dimiliki makhluk lain, yaitu kapasitas untuk memanifestasikan seluruh Nama dan Sifat Allah. Sifat ini hanya dapat terwujud karena manusia diciptakan sebagai makhluk yang memiliki *ruh Ilahi* (nafas ar-Rahman). Dalam penjelasan jurnal UGM, kesempurnaan insan kamil terbagi menjadi dua dimensi:

1. **Kesempurnaan Wujud (al-kamāl al-wujūdī)**

Yaitu kemampuan manusia untuk menghimpun seluruh bentuk keberadaan—materi, ruh, akal, dan sifat-sifat futuristik—sehingga ia menjadi miniatur alam semesta. Konsep ini menjadi dasar penyebutan insan kamil sebagai *mikrokosmos*.

2. **Kesempurnaan Pengetahuan (al-kamāl al-ma'rifī)**

Yaitu kemampuan mengetahui Tuhan dan hakikat alam melalui *'aql*, pengalaman spiritual (*aḥwāl*), dan rahasia-rahasia Ilahi (*asrār*) S2-2020-437154-abstract. Kedua dimensi ini saling terkait: tanpa kesempurnaan wujud, manusia tidak dapat mencapai pengetahuan tentang Tuhan; tanpa kesempurnaan pengetahuan, wujud manusia tidak akan pernah terealisasi secara penuh.

Nabi dan Wali sebagai Representasi Insan Kamil

Dalam pemikiran Ibnu 'Arabi, para nabi dan wali adalah representasi paling sempurna dari insan kamil. Hal ini karena hanya merekalah yang menerima tajalli dalam bentuk paling lengkap dan mampu mengekspresikan Nama-nama Ilahi melalui akhlak, pengetahuan, dan tindakan mereka. Para nabi dan wali menjalankan fungsi kosmik sebagai:

1. Penghubung antara Tuhan dan Makhluk

Mereka menjadi perantara tajalli yang menjembatani dimensi Ilahi dan dunia nyata. Tanpa peran mereka, manusia biasa tidak dapat memahami makna hakiki dari wahyu, petunjuk, dan realitas.

2. Penjaga Keseimbangan Kosmik

Fungsi ini dijelaskan dalam jurnal *Konsep Insan Kamil Al-Jili dalam Tarekat Asy-Syahadatain*, yang menyebut bahwa insan kamil merupakan pusat kesadaran kosmik yang menjaga harmoni antara alam dan Tuhan melalui sifat-sifat Ilahi yang termanifestasikan padanya Jurnal - Konsep Insan Kamil Al ....

3. Model Kesempurnaan Spiritual

Nabi Muhammad Saw. adalah bentuk insan kamil paling sempurna (*al-insān al-kāmil al-muḥammadi*). Dalam tradisi Ibnu 'Arabi, beliau adalah "hakikat pertama yang diciptakan" (al-ḥaqīqah al-Muḥammadiyyah) dan sumber tajalli bagi seluruh nabi dan wali.

Manusia sebagai Mikrokosmos

Salah satu konsep kunci dalam antropologi Ibnu 'Arabi adalah bahwa manusia merupakan *mikrokosmos* (*al-'ālam al-saghīr*), yakni miniatur dari seluruh alam semesta. Istilah ini bukan sekadar metafora, tetapi memiliki dasar ontologis yang kuat. Jurnal *Konsep Insan Kamil Ibn Arabi* menegaskan bahwa manusia menjadi cerminan seluruh realitas karena ia menghimpun unsur materi, ruhani, akli, dan ilahi secara sekaligus S2-2020-437154-abstract. Sebagai mikrokosmos, manusia memiliki tiga fungsi utama:

1. Mencerminkan Nama dan Sifat Allah

Kelebihan manusia dari makhluk lain terletak pada kesanggupannya mewujudkan Nama-nama Ilahi secara lengkap: rahmat, kasih sayang, keadilan, kebijaksanaan, dan seterusnya.

2. Menjadi Cermin bagi Realitas Ilahi

Seperti cermin, manusia memantulkan tajalli Tuhan sesuai dengan kemurnian jiwanya. Semakin bersih cermin itu, semakin jernih pantulan cahaya Tuhan.

3. Menghubungkan Alam Rendah dengan Alam Tinggi

Manusia berada di titik tengah antara dunia materi dan dunia spiritual. Karena itu, ia mampu mengintegrasikan kedua dimensi tersebut di dalam dirinya dan naik menuju kesempurnaan.

2.4 PERAN IMAJINASI KREATIF (*KHAYAL*) DAN DUNIA IMAGINAL ('ALAM AL-MITSAL) DALAM MEMAHAMI PROSES *TAJALLI* DAN PENGALAMAN SPIRITUAL MENURUT IBNU 'ARABI

Di antara sumbangsih terbesar Ibnu 'Arabi bagi metafisika Islam adalah penjelasannya mengenai peran imajinasi kreatif (*khayal*) dan dunia imaginal (*'alam al-mitsal*). Dua konsep ini merupakan fondasi epistemologis dalam memahami struktur wujud, relasi Tuhan-makhluk, serta mekanisme *tajalli* atau penyingkapan Ilahi. Meskipun tidak selalu dibahas secara langsung dalam jurnal-jurnal kontemporer, fondasi konsep ini tampak sangat jelas dalam penjelasan mengenai *tajalli*, *wahdat al-wujud*, dan struktur kesadaran manusia yang dijabarkan dalam penelitian-penelitian sebelumnya. Konsep *khayal* dan *'alam al-mitsal* menjadi penghubung antara alam transenden dan dunia fisik, sekaligus menjadi jembatan bagi proses penyingkapan spiritual.

Kedudukan Khayal dalam Metafisika Ibnu 'Arabi

Dalam kerangka pemikiran Ibnu 'Arabi, *khayal* bukan sekadar daya imajinasi seperti pemahaman psikologi modern. *Khayal* adalah kemampuan kognitif-spiritual manusia untuk menangkap bentuk-bentuk maknawi dan hakikat realitas dalam wujud simbolik. Ia merupakan medium penyingkap (*medium of disclosure*) antara alam gaib dan alam materi.

Ibnu 'Arabi membagi khayal ke dalam dua kategori:

1. **Khayal Mutlaq (Imajinasi Mutlak)**

Dimiliki oleh Tuhan, berupa kemampuan menciptakan bentuk-bentuk dalam realitas semesta sebagai ekspresi dari sifat-sifat-Nya.

2. **Khayal Muqayyad (Imajinasi Terikat)**

Dimiliki manusia, yaitu kemampuan menangkap tajalli Ilahi melalui bentuk, simbol, visi, dan mimpi.

Pembahasan tentang *tajalli* dalam jurnal *Transformasi Wahdat al-Wujud* menunjukkan bahwa Ibnu 'Arabi memahami wujud sebagai "pancaran berlapis" dari Tuhan, di mana dunia tidak langsung memantulkan realitas Ilahi secara murni, tetapi membutuhkan medium penyampai. Medium itulah yang dikenal sebagai *khayal* dalam struktur kosmos Ibnu 'Arabi 25475-66869-1-PB. Dengan demikian, *khayal* adalah "jembatan kosmik" yang memungkinkan tajalli dipahami oleh akal manusia yang terbatas.

Dunia Imaginal (*'Alam al-Mitsal*) sebagai Realitas Perantara

'Alam al-mitsal adalah dunia perantara, bukan materi, bukan pula murni spiritual. Ia ibarat "alam bentuk halus" yang menjadi tempat munculnya realitas mimpi, visi, simbol religius, malaikat, dan bentuk-bentuk spiritual lainnya. Alam ini merupakan "ruang visual" bagi tajalli Tuhan sebelum nyata dalam alam fisik.

Dalam tradisi Ibnu 'Arabi, *'alam al-mitsal* memiliki fungsi:

- menjadi tempat transformasi makna ke bentuk,

- menjadi perantara wahyu dan visi para nabi/wali,
- menjadi medium pemahaman simbol-simbol kosmik,
- menjadi ruang penyingkapan hakikat realitas secara parsial.

Walaupun jurnal tidak memperinci *'alam al-mitsal*, informasi mengenai *tajalli* dan struktur wujud menunjukkan bahwa realitas meliputi lapisan-lapisan eksistensi yang tidak selalu dapat ditangkap indera manusia. Proses penyingkapan Tuhan, menurut jurnal *Transformasi Wahdat al-Wujud*, terjadi secara berjenjang dan terus-menerus, menunjukkan bahwa ada ruang simbolik yang menjadi perantara tajalli sebelum terwujud dalam realitas fisik atau dalam kesadaran manusia 25475-66869-1-PB. *'Alam al-mitsal* berfungsi sebagai arena utama proses itu berlangsung.

Khayal dan Tajalli: Hubungan Ontologis dan Epistemologis

Tajalli (manifestasi Ilahi) adalah konsep pusat dalam metafisika Ibnu 'Arabi. Peran *khayal* dalam tajalli adalah memungkinkan manusia menangkap wujud Tuhan melalui bentuk simbolik yang dapat dipahami oleh akal dan hati. Ibnu 'Arabi mengajarkan bahwa:

- Tuhan tidak dapat dipahami secara langsung oleh pikiran,
- sehingga tajalli membutuhkan medium simbolik atau imaginal,
- yang hanya bisa dipahami melalui daya *khayal*.

Dengan demikian:

tanpa khayal → tidak ada tajalli bagi manusia
tanpa 'alam al-mitsal → tidak ada ruang untuk perwujudan tajalli

Dalam jurnal *Konsep Insan Kamil Ibn Arabi*, tajalli dipahami sebagai proses di mana manusia (terutama insan kamil) menjadi manifestasi sifat-sifat Ilahi. Karena manusia adalah mikrokosmos, ia dapat menjadi wadah tajalli secara menyeluruh

S2-2020-437154-abstract. Sementara itu, mekanisme bagaimana sifat-sifat itu masuk ke ranah kesadaran manusia dijembatani oleh khayal. *Insan kamil* memiliki *khayal* yang sempurna, sehingga ia dapat menangkap tajalli secara utuh, berbeda dari manusia biasa yang hanya mampu menangkap sebagian kecil.

2.5 KARYA-KARYA MONUMENTAL IBNU 'ARABI DAN KONTRIBUSINYA TERHADAP PEMBENTUKAN WACANA MISTISISME ISLAM

Karya-karya Ibnu 'Arabi merupakan fondasi utama yang membentuk peta mistisisme Islam klasik hingga modern. Hampir seluruh gagasan sufisme teoretis dan irfan filsafi berakar pada tulisan-tulisannya yang sangat luas: lebih dari 500 karya dinisbatkan kepadanya, walau yang tersisa secara autentik berjumlah sekitar 100-an. Karya-karya ini tidak hanya menjadi bacaan spiritual, tetapi juga referensi filosofis dan metafisik yang membentuk perkembangan tasawuf di berbagai wilayah dunia Islam, mulai dari Andalusia,

Timur Tengah, Persia, Turki, Asia Tengah, hingga Asia Tenggara. Jurnal *Transformasi Konsep Wahdat al-Wujud* menegaskan bahwa pemikiran Ibnu 'Arabi menjadi landasan bagi perkembangan tasawuf di Nusantara, di mana konsep *wahdat al-wujud* dan kosmologi sufinya diadaptasi dalam budaya lokal secara kreatif dan produktif oleh tokoh-tokoh seperti Hamzah Fansuri dan Syamsuddin al-Sumatrani 25475-66869-1-PB. Karya-karya Ibnu 'Arabi tidak hanya menguraikan tentang perjalanan spiritual, tetapi juga menjelaskan struktur metafisika wujud, teori penciptaan, hakikat manusia, peran akal dan imajinasi, dan hubungan antara Tuhan, kosmos, serta manusia. Berikut adalah beberapa karya paling monumental miliknya serta kontribusi besar masing-masing terhadap perkembangan wacana mistisisme Islam.

Al-Futūḥāt al-Makkiyyah: Ensiklopedia Metafisika Sufistik

Al-Futūḥāt al-Makkiyyah adalah karya terbesar Ibnu 'Arabi—sebuah ensiklopedia sufi dalam 37 jilid yang memadukan pengalaman spiritual, tafsir Al-Qur'an, teori wujud, kosmologi, antropologi, ilmu kalam, hukum, dan bahkan astronomi mistik. Karya ini disusun selama lebih dari tiga dekade dan dianggap sebagai "peta kosmos" dalam perspektif Ibnu 'Arabi.

Kontribusi utama *Futūḥāt* terhadap mistisisme Islam mencakup:

1. Pembentukan Struktur Metafisika Sufistik

Dalam karya ini, Ibnu 'Arabi merinci konsep *wahdat al-wujud*, menjelaskan pembagian realitas dari *al-Haqq* (Tuhan), *al-khalq* (ciptaan), *al-a'yan al-tsabitah* (entitas potensial), hingga alam syahadah (alam fisik). Pembahasan ini menjadi pondasi tasawuf nazari.

Penjelasan jurnal *Transformasi Wahdat al-Wujud* mengenai pancaran berlapis dari Tuhan dan mekanisme *tajalli* banyak merujuk pada sistem pemikiran yang berasal dari *Futūḥāt* 25475-66869-1-PB.

2. Penjelasan tentang Dunia Imajinasi

Ibnu 'Arabi menguraikan konsep *khayal* dan *'alam al-mitsal*, yang kemudian menjadi konsep sentral dalam studi mistisisme modern. Dunia imaginal diposisikan sebagai medium penyingkapan Ilahi, relevan dengan apa yang dalam jurnal disebut sebagai mekanisme tajalli berlapis dalam kosmologi sufi.

3. Penjelasan tentang Insan Kamil

Pembahasan tentang insan kamil dalam *Futūḥāt* menjadi landasan teori bagi para sufi sesudahnya, termasuk al-Jili, seperti yang dijelaskan dalam jurnal tentang *Konsep Insan Kamil* S2-2020-437154-abstract. Oleh karena itu, *Futūḥāt* menjadi karya referensial yang memetakan seluruh dimensi realitas dan spiritualitas.

Fuṣūṣ al-Ḥikam: Intisari Kebijaksanaan Sufistik

Fuṣūṣ al-Ḥikam adalah karya yang dianggap sebagai "permata pemikiran Ibnu 'Arabi". Karya ini berisi pembahasan tentang 27 nabi yang masing-masing merepresentasikan aspek tertentu dari tajalli Ilahi. Setiap nabi membawa *ḥikmah* (kebijaksanaan) unik yang menggambarkan satu sifat atau nama Tuhan secara lebih dominan.

Kontribusi *Fuṣūṣ al-Ḥikam* terhadap wacana mistisisme Islam dapat digambarkan sebagai berikut:

1. Sistem Penafsiran Nabi sebagai Manifestasi Nama Tuhan

Dalam pandangan Ibnu 'Arabi, setiap nabi memiliki fungsi kosmik tertentu:

- Adam: *ḥikmah ilahiyah* (kebijaksanaan ketuhanan)
- Nuh: *ḥikmah qaddariyyah* (takdir)
- Ibrahim: *ḥikmah iman*
- Musa: *ḥikmah kalām*
- Muhammad: *ḥikmah jami'iyyah* (penyatu segala nama)

Karya ini memperluas pemahaman tentang insan kamil sebagai perwujudan paling lengkap Nama-nama Ilahi. Pemikiran ini sejalan dengan temuan jurnal UGM bahwa insan kamil merupakan manifestasi sempurna Sifat-sifat Allah dalam diri manusia pilihan S2-2020-437154-abstract.

2. Dasar Bagi Hermeneutika Esoteris

Fuṣūṣ mengajarkan cara membaca teks keagamaan melalui simbol, imajinasi, dan intuisi. Konsep ini berkaitan erat dengan pembahasan *khayal* dalam poin sebelumnya.

3. Pengaruh Luas dalam Wacana Tasawuf

Karya ini melahirkan tradisi komentar-komentar panjang dari ulama sufi seperti Qunawi, Jandi, Dawud al-Qaysari, al-Jili, hingga syarah Melayu oleh Syamsuddin al-Sumatrani.

***Tarjumān al-Ashwāq*: Estetika Spiritual dan Simbolisme Cinta Ilahi**

Berbeda dari dua karya sebelumnya, *Tarjumān al-Ashwāq* adalah kumpulan puisi cinta mistik yang menyimbolkan kerinduan manusia terhadap Tuhan. Karya ini mengandung:

- simbol-simbol kecantikan ilahiyah,
- gambaran perjalanan batin,
- dan isyarat kepada realitas imaginal.

Karya ini memperlihatkan dimensi artistik dan estetika dalam sufisme Ibnu 'Arabi, menunjukkan bahwa spiritualitas tidak hanya terungkap dalam argumentasi filosofis, tetapi juga melalui ekspresi seni. Konsep ini relevan dengan pendekatan imaginal yang dibahas dalam jurnal terkait tajalli dan simbolisme dalam wacana sufi.

2.6 SIGNIFIKANSI PENGARUH IBNU 'ARABI TERHADAP PERKEMBANGAN SUFISME, TEOLOGI, DAN FILSAFAT ISLAM SETELAHNYA

Ibnu 'Arabi merupakan salah satu pemikir paling berpengaruh dalam sejarah intelektual Islam. Pengaruhnya tidak hanya dirasakan dalam ranah tasawuf, tetapi juga meresap ke dalam wacana teologi, filsafat, dan bahkan sistem budaya serta peradaban Islam di berbagai wilayah. Pemikiran Ibnu 'Arabi memiliki karakter universal, holistik, dan sangat mendalam, sehingga memengaruhi hampir semua disiplin keilmuan Islam. Sejumlah jurnal kontemporer, termasuk jurnal *Transformasi Konsep Wahdat al-Wujud*, menunjukkan bagaimana gagasan Ibnu 'Arabi terus mengalami revitalisasi dan reinterpretasi di dunia modern, terutama dalam konteks pluralitas masyarakat dan kebutuhan spiritual kontemporer 25475-66869-1-PB. Pengaruh Ibnu 'Arabi dapat dikategorikan ke dalam tiga bidang besar: (1) sufisme, (2) teologi, dan (3) filsafat Islam. Masing-masing bidang menerima kontribusi yang signifikan dari pemikirannya, baik secara langsung maupun melalui karya-karya murid dan pengikutnya, seperti Qunawi, al-Jili, dan Mulla Sadra.

Pengaruh Ibnu 'Arabi dalam Perkembangan Sufisme

Pengaruh terbesar Ibnu 'Arabi berada dalam ranah tasawuf. Ia dianggap sebagai arsitek utama sufisme teoretis (*tasawuf nazari*), yaitu disiplin yang menggabungkan antara pengalaman spiritual dan analisis filosofis. Pemikirannya melahirkan struktur ontologis dan epistemologis baru dalam tasawuf.

1. Lahirnya Sufisme Teoretis sebagai Sistem Ilmu

Sebelum Ibnu 'Arabi, tasawuf lebih fokus pada moralitas dan praktik spiritual. Setelah Ibnu 'Arabi, tasawuf menjadi sebuah ilmu yang memiliki:

- struktur kosmologi,
- hierarki wujud,
- konsep tentang manusia dan Tuhan,
- teori tentang imajinasi,
- dan sistem pengetahuan (ma'rifat).

Jurnal tentang *Wahdat al-Wujud* menjelaskan bahwa pemikiran Ibnu 'Arabi membentuk "model metafisika kesatuan" yang kemudian menjadi dasar diskursus tasawuf di seluruh dunia Islam, termasuk Nusantara 25475-66869-1-PB.

2. Pembentukan Tarekat-Tarekat Sufi

Banyak tarekat besar, seperti:

- Qadiriyah,

- Naqsyabandiyah,
- Syadziliyah,
- Chishtiyah,
- dan Sammaniyah,

mengadopsi gagasan Ibnu 'Arabi tentang *tajalli*, *insan kamil*, dan *wahdat al-wujud* dalam ajaran mereka.

Di Nusantara, pemikiran Ibnu 'Arabi menjadi dasar ajaran Hamzah Fansuri dan Syamsuddin al-Sumatrani, yang kemudian membentuk tradisi tasawuf Aceh abad ke-16 dan 17. Jurnal mencatat bahwa konsep wahdat al-wujud di Indonesia mengalami proses adaptasi agar selaras dengan konteks budaya dan norma masyarakat, menjadikannya basis spiritualitas yang inklusif dan toleran

3. Model Insan Kamil Sebagai Orientasi Perjalanan Spiritual

Penelitian tentang *insan kamil* dalam jurnal UGM menunjukkan bahwa konsep ini berhasil menjadi tujuan akhir praktik sufistik: manusia mencapai kesempurnaan akhlak, pengetahuan, dan hubungan dengan Tuhan melalui tahapan takhalluq, takhaqquq, dan ta'alluq. Konsep ini menjadi rujukan utama tarekat dalam menentukan kualitas seorang mursyid (guru spiritual).

Pengaruh Ibnu 'Arabi dalam Teologi Islam

Di bidang teologi, Ibnu 'Arabi memberikan warna baru dalam memahami relasi Tuhan, makhluk, dan realitas. Ia tidak mengganti teologi klasik, tetapi memperkaya dan meluaskan cakupannya.

1. Teologi Kesadaran Ilahiah melalui *Wahdat al-Wujud*

Konsep *wahdat al-wujud* telah menjadi salah satu wacana teologis paling penting dalam sejarah Islam. Ia menawarkan model pemikiran bahwa:

- Tuhan adalah Wujud Mutlak,
- makhluk adalah tajalli,
- hubungan Tuhan-alam bersifat ontologis dan dinamis.

Dalam jurnal *Transformasi Konsep Wahdat al-Wujud*, dijelaskan bahwa konsep ini menjadi dasar bagi konstruksi teologi inklusif di Indonesia modern, di mana hubungan antara manusia, alam, dan Tuhan dilihat sebagai satu kesatuan spiritual yang saling memantulkan esensi yang sama 25475-66869-1-PB.

2. Teologi Simbolik dan Imaginal

Ibnu 'Arabi memperkenalkan gagasan bahwa teks-teks keagamaan mengandung makna berlapis. Tafsir ayat-ayat Al-Qur'an harus mempertimbangkan:

- simbol,

- narasi imaginal,
- dan konteks pengalaman spiritual.

Hal ini mengembangkan hermeneutika mistik dalam Islam yang kemudian dikembangkan oleh tokoh-tokoh seperti Suhrawardi (Hikmah al-Isyraq) dan Mulla Sadra (Hikmah al-Muta'aliyah).

3. Pengaruh terhadap Teologi Pluralis

Gagasan Ibnu 'Arabi tentang kehadiran Tuhan dalam seluruh bentuk realitas membuka pintu bagi teologi pluralistik. Banyak pemikir Muslim kontemporer seperti:

- Nasr Hamid Abu Zayd,
- Seyyed Hossein Nasr,
- William Chittick,
- dan tokoh-tokoh di Indonesia

menggunakan konsep ini untuk membangun teologi keberagaman dan dialog antaragama. Jurnal yang Anda unggah juga menegaskan hal ini sebagai bentuk revitalisasi konsep wahdat al-wujud dalam konteks pluralitas masyarakat modern 25475-66869-1-PB.

Pengaruh Ibnu 'Arabi dalam Filsafat Islam

Dampak Ibnu 'Arabi dalam filsafat Islam sangat besar, terutama setelah abad ke-13. Pemikirannya menjadi dasar lahirnya mazhab-mazhab filsafat baru, khususnya di Persia.

1. Pengaruh pada Filsafat Hikmah (Falsafah al-Hikmah)

Mulla Sadra adalah filsuf yang paling terpengaruh oleh Ibnu 'Arabi. Ia menggabungkan:

- ontologi Ibnu Sina,
- iluminasi Suhrawardi,
- dan metafisika Ibnu 'Arabi

menjadi *Hikmah Muta'aliyah*, salah satu sistem filsafat Islam paling berpengaruh hingga kini. Konsep Sadra tentang *harakah jawhariyah* (gerak substansial) berkaitan erat dengan gagasan Ibnu 'Arabi tentang dinamika tajalli.

2. Pengaruh pada Filsafat Kesadaran dan Psikologi Islam

Konsep *khayal* dan *'alam al-mitsal* menjadi dasar bagi teori kesadaran dalam pemikiran Henry Corbin, yang menyebut wilayah kesadaran imaginal sebagai "mundus imaginalis". Gagasan ini kini digunakan dalam:

- studi fenomenologi agama,
- psikologi transpersonal,

- kajian estetika spiritual,
- dan filsafat perenial.

3. Pengaruh terhadap Filsafat Sosial dan Etika

Gagasan *insan kamil* mengembangkan paradigma etika Islam yang menempatkan manusia sebagai cermin sifat-sifat Tuhan. Jurnal UGM menjelaskan bahwa insan kamil memiliki dua unsur kesempurnaan—wujud dan pengetahuan—yang menjadi basis etika holistik dalam filsafat Islam.

BAB III

PENUTUP

3.1 KESIMPULAN

Secara keseluruhan, pemikiran Ibnu 'Arabi membentuk salah satu pilar terpenting dalam khazanah intelektual Islam. Ia tidak hanya menawarkan teori metafisika yang kompleks dan mendalam, tetapi juga memberikan paradigma spiritual yang mengintegrasikan akal, intuisi, dan imajinasi. Melalui doktrin-doktrinnya, ia membawa tasawuf ke tingkat yang lebih filosofis dan sistematis, memberikan dasar bagi perkembangan teologi yang inklusif, dan memperkaya tradisi filsafat Islam. Pengaruhnya yang melintasi zaman dan wilayah menunjukkan bahwa gagasan-gagasannya memiliki relevansi abadi, terutama dalam menjawab kebutuhan spiritual dan intelektual manusia modern.

DAFTAR PUSTAKA

Mughni, Muhammad. "Konsep Insan Kamil al-Jili dalam Tarekat Asy-Syahadatain." *Jurnal Yaqzhan*, Vol. 7, No. 2, 2021. Fakultas Ushuluddin, Adab, dan Dakwah, IAIN Syekh Nurjati Cirebon.

Rahman, Deni. "Analisis Perbandingan Konsep Insan Kamil Ibn 'Arabi dan Seyyed Hossein Nasr." Tesis Magister, Universitas Gadjah Mada, 2020.

Zulhadi. "Transformasi Konsep Wahdat al-Wujud Ibn Arabi dalam Tasawuf di Indonesia Kontemporer." *Studia Sosia Religia*, Vol. 8, No. 2, Juli–Desember 2025. Fakultas Ushuluddin UIN Sumatera Utara.

NASHIRUDDIN AL-TUSI (1201-1274 M): INTEGRASI FILSAFAT, ASTRONOMI, DAN ETIKA DALAM PERADABAN ISLAM

Abstrak

Artikel ini membahas kontribusi monumental **Abu Ja'far Muhammad bin Muhammad bin al-Hasan al-Tusi** (lebih dikenal sebagai **Nashiruddin al-Tusi**), salah satu cendekiawan poli-matematika terkemuka dari Zaman Keemasan Islam. Al-Tusi hidup pada masa gejolak politik (serbuan Mongol) namun berhasil mendirikan Observatorium Maragha yang ikonik, menjadikannya pusat ilmu pengetahuan. Fokus utama adalah menganalisis perannya dalam tiga bidang utama: **Filsafat (khususnya Etika)** melalui karya *Akhlaq-i Nasiri*, **Astronomi** melalui model planetariumnya, dan **Matematika** melalui kontribusinya pada trigonometri. Penelitian ini menunjukkan bahwa Al-Tusi bukan hanya seorang pelestari warisan klasik (Aristoteles, Ptolemy), tetapi juga seorang inovator yang meletakkan dasar bagi perkembangan ilmiah di Timur dan Barat, yang relevan hingga hari ini.

Kata Kunci: Nashiruddin al-Tusi, Akhlaq-i Nasiri, Observatorium Maragha, Filsafat Islam, Astronomi Islam.

BAB I

PENDAHULUAN

1. 1 LATAR BELAKANG

Abad ke-7 Hijriah/ke-13 Masehi ditandai oleh kehancuran tragis Khilafah Abbasiyah akibat invasi Mongol. Di tengah kekacauan ini, muncul sosok intelektual cemerlang, Nashiruddin al-Tusi (1201-1274 M), yang berhasil mengubah krisis menjadi peluang ilmiah.

Nashiruddin al-Tusi adalah seorang polymath yang menguasai berbagai disiplin ilmu, mulai dari filsafat, etika, matematika, astronomi, hingga teologi Islam. Pada abad ke-13, ia menjadi tokoh sentral yang menyatukan tradisi filsafat Yunani, teologi Islam, dan riset ilmiah dengan metode baru. Peran historisnya tidak hanya dalam ruang akademik, tetapi juga dalam politik dan pembangunan institusi ilmiah.

Nashriruddin al-Tusi (1201–1274) adalah salah satu ilmuwan dan filsuf paling berpengaruh dalam sejarah dunia Islam. Ia hidup pada masa penuh gejolak akibat invasi Mongol yang menghancurkan banyak pusat ilmu. Meskipun situasi politik tidak stabil, al-Tusi justru muncul sebagai tokoh penting yang berperan besar dalam menghidupkan kembali kegiatan intelektual. Keahliannya meliputi filsafat, etika, matematika, astronomi, logika, dan teologi. Ia dikenal sebagai pelanjut pemikiran Ibn Sina serta sebagai pendiri **Observatorium Maragha**, sebuah pusat penelitian astronomi terbesar pada abad ke-13. Melalui observatorium ini, al-Tusi menghasilkan teori penting seperti **Tusi Couple**, yang kelak memengaruhi perkembangan astronomi dunia, termasuk pemikiran Copernicus.

Karya-karyanya seperti *Akhlaq-i Nasiri*, *Tajrid al-I'tiqad*, dan *Zij-i Ilkhani* menjadi rujukan utama dalam filsafat, etika, teologi, dan ilmu falak di dunia Islam selama berabad-abad. Relevansi dan pengaruh al-Tusi terhadap perkembangan ilmu modern menjadikannya tokoh penting untuk dikaji lebih dalam. Oleh karena itu, latar belakang ini menegaskan perlunya memahami kontribusi multidisipliner al-Tusi serta warisannya yang tetap bertahan hingga masa kini.

A. Biografi Singkat

Lahir di Tus, Khurasan (Iran), Al-Tusi menunjukkan bakat luar biasa dalam berbagai disiplin ilmu sejak muda. Ia sempat menjadi tahanan politik di benteng Alamut sebelum akhirnya bergabung dengan lingkaran penguasa Mongol, Hulagu Khan, yang memberinya kekuasaan dan sumber daya untuk membangun pusat ilmiah terbesar pada masanya: **Observatorium Maragha**.

Nashiruddin Al-Thusi, seorang intelektual Muslim dengan spektrum keahlian yang luas (multi talented), adalah figur yang sangat dihormati dalam sejarah intelektual Islam. Ia dikenal atas kontribusinya yang tak ternilai dalam pengembangan ilmu pengetahuan modern. Sebagai seorang sarjana Persia yang berdedikasi, Nashiruddin Al-Thusi mengabdikan hidupnya untuk memajukan berbagai cabang ilmu, yang meliputi astronomi, biologi, kimia, matematika, filsafat, kedokteran, dan disiplin ilmu keislaman. Reputasinya yang gemilang menempatkannya setara dengan para teolog dan filsuf terkemuka dunia, seperti Thomas Aquinas.

Terlahir dengan nama lengkap Abu Ja'far Muhammad bin Al-Hasan Nasiruddin Ath-Thusi, ia lahir pada tanggal 18 Februari 1201 Masehi, bertepatan dengan 597 Hijriah. Kota Thus, yang menjadi tempat kelahirannya, terletak di wilayah yang kini dikenal sebagai Iran, dekat dengan Laut Kaspia. Selain dikenal dengan sebutan Nashiruddin Al-Thusi, ia juga dikenal dengan berbagai gelar kehormatan lainnya, seperti Muhaqqiq Ath-Thusi, Khuwaja Thusi, dan Khuwaja Nasir.

Masa kelahiran Nashiruddin Al-Thusi bertepatan dengan periode yang penuh gejolak dalam sejarah dunia Islam. Pada saat itu, kekuatan militer Mongol tengah meluas dengan cepat, membawa kehancuran dan malapetaka bagi banyak wilayah Islam. Kota-kota yang dulunya makmur dan menjadi pusat peradaban Islam mengalami kehancuran, dan penduduknya menjadi korban kekejaman pasukan Mongol. Situasi ini menciptakan suasana ketidakpastian, hilangnya rasa aman, serta kecemasan yang mendalam, yang pada gilirannya menghambat perkembangan ilmu pengetahuan dan kegiatan intelektual. Meskipun demikian, Nashiruddin Al-Thusi tetap beruntung mendapatkan pendidikan yang berkualitas dari ayahnya, yang memberikannya landasan yang kuat dalam berbagai disiplin ilmu.

Sejak usia dini, Nashiruddin Al-Thusi telah menunjukkan minat yang besar terhadap ilmu pengetahuan. Ia mempelajari berbagai disiplin ilmu, termasuk hukum Islam di sekolah Imam Kedua Belas, yang memberinya pemahaman yang mendalam tentang ajaran agama. Selain itu, ia juga mendalami karya-karya penting seperti Isyarat-nya Ibnu Sina, yang memberinya wawasan yang luas tentang filsafat dan logika. Ia juga belajar matematika dari Muhammad Hasib di Nishapur, yang membekalinya dengan keterampilan analitis yang kuat. Selanjutnya, Al-Thusi melanjutkan studinya ke kota Baghdad, yang pada saat itu menjadi pusat intelektual yang penting. Di sana, ia memperdalam ilmu pengobatan dan filsafat dari Qutbuddin, seorang sarjana terkemuka pada masanya. Selain itu, ia juga terus mengembangkan pemahaman matematikanya dari Kamaluddin bin Yunus dan memperdalam Fiqih dan Ushul bersama Salim bin Bardan.

Terlepas dari tantangan dan kesulitan yang dihadapi pada masanya, Nashiruddin Al-Thusi berhasil menyelamatkan diri dari serangan bangsa Mongol dan terus mengembangkan ilmu pengetahuannya. O'Connor dan Robertson, dalam tulisan mereka mengenai sejarah Nashiruddin sebagaimana yang diuraikan oleh Heri Ruslan, mencatat bahwa Hulagu merasa sangat bangga karena berhasil menaklukkan Maragha. Peningkatan kebanggaan tersebut terjadi ketika ilmuwan terkemuka seperti Ath-Thusi menyatakan niatnya untuk membangun Observatorium di Maragha. Pada saat itu, Hulagu telah menjadikan wilayah Maragha di Azerbaijan sebagai pusat pemerintahannya pada tahun 1259 M.

Nashiruddin kemudian memulai pembangunan Observatorium yang megah dan bekas-bekas serta jejak bangunan observatorium tersebut masih dapat ditemukan hingga saat ini. Observatorium Maragha mulai beroperasi pada tahun 1262 M, melibatkan sarjana dari Persia dengan bantuan astronom dari Cina. Pada zamannya, teknologi yang diterapkan di observatorium tersebut tergolong canggih, dan Nashiruddin berhasil mengembangkan berbagai peralatan dan teknologi untuk memahami luar angkasa, termasuk Kuadran Azimuth. Selain itu, Nashiruddin mendirikan perpustakaan di observatorium tersebut, yang koleksi bukunya sangat lengkap dan mencakup berbagai ilmu pengetahuan.

Di bawah kepemimpinan Nashiruddin, observatorium tersebut tidak hanya memfokuskan diri pada bidang astronomi, tetapi juga mengembangkan filsafat dan matematika. Nashiruddin Ath-Thusi berhasil menciptakan tabel pergerakan planet yang akurat. Kontribusi penting lainnya adalah kitab Zij-Ilkhani, yang ditulis dalam bahasa Persia dan kemudian diterjemahkan ke dalam bahasa Arab setelah 12 tahun masa kepemimpinannya di observatorium Maragha. Nashiruddin juga menulis karya terkenal lainnya, At-Tadhkira fi'ilm Al-hay'a (Memoar Astronomi), di mana ia berhasil memodifikasi model semesta Ptolemaeus dengan prinsip-prinsip mekanika untuk menjaga keseragaman rotasi benda langit. Nashiruddin meninggal dunia pada tahun 672 H / 1274 M di kota Baghdad, di bawah pemerintahan Abaqa (pengganti Hulagu), yang terus memberinya dukungan hingga akhir hayatnya.

1.2 TUJUAN DAN RUANG LINGKUP

Tujuan utama artikel ini adalah:

- Menganalisis sintesis pemikiran Al-Tusi dalam Etika dan Filsafat Praktis.
- Menguraikan inovasi utamanya dalam Astronomi dan Matematika.
- Mengidentifikasi pengaruhnya terhadap ilmuwan pasca-Islam dan Renaissance Eropa.
- Ruang lingkup dibatasi pada karya-karya utamanya dalam filsafat (*Akhlaq-i Nasiri*), astronomi (*Tadhkira fi 'ilm al-hay'a*), dan matematika.

Pemikiran Nasruddin Al-Tusi

Nashiruddin Al-Thusi, seorang sarjana Muslim dengan wawasan yang luas, muncul sebagai tokoh kunci dalam sejarah intelektual peradaban Islam. Ia adalah seorang pemikir yang cemerlang yang memainkan peran penting dalam membentuk pemikiran Islam, khususnya dalam upayanya untuk menyatukan akal, wahyu, dan politik dalam sebuah kerangka yang koheren. Al-Thusi memiliki ketertarikan yang mendalam pada filsafat Yunani dan filsafat Islam, yang tercermin dalam penguasaannya terhadap karya-karya Aristoteles, Al-Farabi, Ibnu Sina, dan para filosof terkemuka lainnya. Selain itu, ia juga memiliki keahlian yang mendalam dalam bidang teologi dan fikih, yang memungkinkannya untuk memberikan kontribusi yang signifikan dalam pengembangan hukum dan etika Islam, serta dalam merumuskan prinsip-prinsip tata pemerintahan yang ideal.

Penguasaan Al-Thusi dalam bidang astrologi dan matematika membawanya untuk mengabdi sebagai astrolog di benteng Alamut selama hampir dua dekade. Pada masa itu, benteng Alamut berada di bawah kekuasaan dinasti Nizari-Ismailiyah, sebuah cabang dari Islam Syiah yang memiliki pandangan teologis dan politik yang unik. Meskipun Al-Thusi tidak pernah secara eksplisit menyatakan dirinya sebagai pengikut Ismailiyah, ide-ide Ismailiyah tampaknya memengaruhi pemikirannya, sebagaimana tercermin dalam karyanya yang berjudul Rawdhah al-Taslim atau Tashawurat, yang merupakan ringkasan dari ajaran-ajaran Nizari Islamiliyah. Karya ini memberikan wawasan yang berharga tentang pemikiran Al-Thusi dan bagaimana ia berinteraksi dengan berbagai tradisi intelektual pada masanya.

Dalam konteks pemikiran agama, Al-Thusi mengadopsi ajaran-ajaran neo-Platonik dari Ibnu Sina dan Suhrawardi, dua tokoh yang diakui sebagai "orang bijak" (hukama) dalam tradisi filsafat Islam. Al-Thusi sependapat dengan Ibnu Sina bahwa eksistensi Tuhan tidak dapat dibuktikan secara rasional semata, namun ia berbeda pendapat dengan Ibnu Sina dalam hal kebutuhan manusia akan petunjuk otoritatif di luar ranah filsafat. Al-Thusi berpendapat bahwa manusia membutuhkan wahyu dan bimbingan dari para nabi dan imam untuk mencapai pemahaman yang komprehensif tentang Tuhan dan alam semesta. Pandangan ini mencerminkan kecenderungan teologi mistis yang kuat dalam pemikiran Al-Thusi, yang menekankan pentingnya pengalaman spiritual dan intuisi dalam mencapai pengetahuan yang sejati.

Dalam ranah pemikiran politik, Al-Thusi berupaya untuk mengintegrasikan ide-ide Aristoteles dengan tradisi politik Iran, menciptakan sintesis yang unik antara filsafat dan praktik pemerintahan. Ia menggabungkan filsafat dengan genre nasihat kepada raja (mirrors for princes), yang bertujuan untuk memberikan panduan moral dan praktis kepada para penguasa agar mereka dapat memerintah dengan adil dan bijaksana. Al-Thusi menekankan pentingnya hubungan yang harmonis antara Syiah dan filsafat, dan ia berpendapat bahwa para penguasa harus memiliki pengetahuan yang mendalam tentang kedua bidang ini agar dapat membuat keputusan yang tepat dan memajukan kesejahteraan rakyat. Karya-karya etika Al-Thusi dianggap sebagai karya filsafat praktis yang membahas berbagai masalah yang dihadapi oleh individu, keluarga, dan masyarakat, serta memberikan solusi yang bijaksana dan relevan. Karyanya dibagi menjadi tiga bagian, yang masing-masing membahas topik yang berbeda, mulai dari etika individu hingga etika politik, dengan menggabungkan ide-ide dari berbagai sumber, termasuk Miskawaih, Bryson, Ibnu Sina, dan Al-Farabi.

Al-Thusi berusaha untuk menyatukan filsafat dan fikih dengan keyakinan bahwa perbuatan baik harus didasarkan pada fitrah (naluri alamiah) atau adat (kebiasaan masyarakat), menciptakan kerangka etika yang komprehensif yang mencakup baik dimensi internal maupun eksternal dari tindakan manusia. Ia menjelaskan bahwa fitrah memberikan prinsip-prinsip dasar yang dikenal sebagai pengetahuan batin dan kebijaksanaan, yang merupakan landasan bagi moralitas universal. Sementara itu, adat merujuk pada kebiasaan masyarakat yang diajarkan oleh nabi atau imam, dan dianggap sebagai hukum Tuhan yang diwujudkan dalam praktik sosial. Al-Thusi membagi kedua pendekatan ini lebih lanjut menjadi norma-norma untuk individu, keluarga, serta penduduk desa atau kota, menciptakan sistem etika yang fleksibel dan adaptif yang dapat diterapkan dalam berbagai konteks sosial dan budaya. Ia meyakini bahwa filsafat memiliki kebenaran yang tetap, sementara fikih atau hukum Tuhan dapat berubah seiring dengan revolusi, perbedaan zaman dan bangsa, serta peralihan dinasti, mencerminkan pemahamannya yang mendalam tentang dinamika sosial dan politik. Pendekatannya terhadap negara atau dinasti, seperti yang terlihat dalam pandangannya terhadap perubahan dari hukum Tuhan melalui nabi-nabi, para fuqaha, dan imam, mencerminkan pengaruh pandangan Ismailiyah, yang menekankan peran akal dan interpretasi dalam memahami wahyu. Meskipun demikian, Al-Thusi menganggap syariat sebagai suatu tatanan hukum yang tidak mutlak dan final, sejalan dengan pandangan kalangan Sunni, menunjukkan upayanya untuk menjembatani perbedaan antara berbagai mazhab dalam Islam dan menciptakan persatuan di antara umat Muslim.

C. Karya – Karya Nasrhiruddin Al – Tussi

Nashiruddin al-Thusi dikenal sebagai salah satu ilmuwan Muslim paling produktif pada abad ke-13, dengan kontribusi yang meliputi berbagai bidang ilmu pengetahuan seperti teologi, akhlak, astronomi, matematika, optik, dan kedokteran. Karya-karyanya tidak hanya mencerminkan keluasan pengetahuan, tetapi juga ketajaman analisis dalam memadukan ilmu rasional dan tradisional. Berikut adalah pengembangan dari karya-karya beliau sebagaimana tercantum dalam sumber:

1. Bidang Akidah

Dalam bidang akidah, al-Thusi menulis beberapa karya penting seperti Tajrid al-'Aqaid, Qawaid al-'Aqaid, dan Risalah al-I'tiqadat. Karya-karya ini berisi penjelasan sistematis tentang prinsip-prinsip keimanan, yang mengulas konsep ketuhanan, kenabian, dan eskatologi. Tajrid al-'Aqaid khususnya menjadi rujukan utama dalam kajian teologi karena memadukan pendekatan rasional (kalam) dengan dalil keagamaan, sehingga sering diajarkan di madrasah-madrasah dunia Islam.

2. Bidang Akhlak

Dalam kajian etika, al-Thusi menghasilkan karya seperti Akhlaqi Natsiri dan Ausaf al-Asyraf. Melalui karya ini, ia menguraikan konsep akhlak berdasarkan filsafat etika, membahas bagaimana manusia dapat mencapai kesempurnaan jiwa melalui pengendalian diri, kebiasaan baik, dan keseimbangan antara akal, nafsu, serta emosi. Karyanya banyak dipengaruhi oleh tradisi etika Yunani, namun dipadukan dengan nilai Islam sehingga lebih relevan dalam konteks masyarakat Muslim.

3. Bidang Astronomi

Astronomi adalah salah satu bidang yang paling menonjol dalam kontribusi al-Thusi. Ia menulis Al-Mutawassithat bain al-Handasah wal Hai'ah, Kitab al-Tadzkirah fi Ilm al-Hai'ah, Zubdat al-Hai'ah, dan Tahsil fi al-Nujum. Pada karya-karya ini, al-Thusi menjelaskan struktur langit, gerakan planet, dan perhitungan astronomi secara rinci. Salah satu konsep terkenalnya adalah Tusi Couple, yakni model geometri yang mampu menjelaskan gerakan planet tanpa meninggalkan prinsip gerak melingkar sempurna. Inovasi ini membantu mengoreksi model Ptolemeus dan kemudian mempengaruhi perkembangan astronomi modern, termasuk teori Copernicus.

4. Bidang Matematika

Kontribusi al-Thusi dalam matematika juga sangat signifikan. Ia menulis Tahzir al-Majisti, Mukhtasar fi Ilm al-Tanjim, serta karya geometri seperti Tahzr al-Ushul, Kitab Shakl al-Qatta, dan Al-Jabar wa al-Muqabala. Karya-karya ini membahas kaidah geometri, trigonometri, serta aljabar secara sistematis. Al-Thusi adalah salah satu ilmuwan yang mengembangkan trigonometri sebagai disiplin mandiri, tidak lagi hanya bagian dari astronomi. Ia memperkenalkan rumus-rumus sinus dan kosinus yang menjadi dasar trigonometri modern.

5. Bidang Optik

Dalam bidang optik, al-Thusi menyusun Tahrir Kitab al-Manazir dan menjelaskan sejumlah konsep mengenai cahaya, bayangan, refleksi, serta pembiasan. Karyanya merupakan penyempurnaan dari penelitian ilmuwan sebelumnya seperti Ibn al-Haytham. Melalui pendekatan matematis, al-Thusi menggambarkan fenomena optik secara lebih terstruktur sehingga memberikan kontribusi besar pada perkembangan ilmu fisika.

6. Bidang Seni dan Musik

Al-Thusi juga menulis Kitab fi 'Ilm al-Mausiqi dan Kanz al-Tuhaf yang membahas teori musik dalam perspektif matematis. Baginya, musik bukan hanya seni estetika tetapi juga ilmu yang memiliki hubungan erat dengan perhitungan rasional, harmoni, dan psikologi manusia.

7. Bidang Kedokteran

Dalam bidang medis, al-Thusi menulis Kitab al-Bab Bahiyah fi al-Tarakib al-Sultaniyah. Karya ini mengulas berbagai aspek kesehatan meliputi diet, gaya hidup, hubungan seksual yang sehat, serta peraturan-peraturan kesehatan umum. Pendekatan al-Thusi menunjukkan bahwa kesehatan bagi manusia bukan hanya aspek fisik tetapi juga terkait dengan disiplin moral dan gaya hidup yang seimbang.

BAB II

ISI

2.1 KONTRIBUSI INTELEKTUAL NASHIRUDDIN AL-TUSI

A. Filsafat dan Etika: *Akhlaq-i Nasiri*

Al-Tusi adalah seorang filsuf yang berusaha merekonsiliasi pemikiran Yunani (Aristoteles dan Plato) dengan ajaran Islam. Karyanya yang paling terkenal dalam bidang etika adalah **"Akhlaq-i Nasiri" (Etika Nashirian)**.

a. Struktur dan Sumber Utama

- Buku ini didasarkan pada **Etika Praktis (Al-Hikmah al-'Amaliyyah)**, yang dibagi menjadi tiga bagian:

1. **Etika Individu (Tahdhib al-Akhlaq):** Pembentukan karakter dan pengendalian nafsu.
2. **Manajemen Rumah Tangga (Tadbir al-Manzil):** Prinsip ekonomi dan hubungan keluarga.
3. **Politik Sipil (Siyasah al-Mudun):** Prinsip-prinsip pemerintahan dan keadilan sosial (berakar pada *Politeia* Plato).

b. Konsep Keadilan (Al-'Adl)

Al-Tusi mendefinisikan keadilan sebagai keseimbangan dan harmoni, baik dalam diri individu maupun dalam masyarakat. Keadilan adalah kondisi di mana semua fakultas jiwa (rasional, marah, dan nafsu) bekerja sesuai porsinya. Dalam politik, keadilan adalah prasyarat untuk keberlangsungan *madinah fadhilah* (negara utama).

B. Astronomi dan Matematika

Kontribusi Al-Tusi dalam ilmu pasti adalah yang paling berpengaruh di dunia Barat.

a. Observatorium Maragha

Didirikan tahun 1259 M, observatorium ini bukan hanya tempat pengamatan, tetapi juga **pusat riset (madrasah) raksasa** yang didanai Mongol. Ia mengumpulkan ribuan manuskrip yang diselamatkan dari kota-kota yang hancur.

b. Inovasi Astronomi: Pasangan Tusi (*Tusi Couple*)

Karya terpentingnya adalah **"Tadhkira fi 'ilm al-hay'a" (Memorandum tentang Ilmu Kosmografi)**. Untuk mengatasi masalah kosmologi Ptolemaic (yang menggunakan *equant* yang melanggar keseragaman gerak melingkar), Al-Tusi memperkenalkan **Pasangan Tusi (Tusi Couple)**.

Pasangan Tusi adalah konstruksi geometris di mana dua lingkaran yang bergerak seragam, dengan diameter salah satunya setengah dari yang lain, dapat menghasilkan gerakan linear bolak-balik. Ini memungkinkan representasi gerakan planet tanpa memerlukan equant.

c. Matematika: Trigonometri sebagai Disiplin Mandiri

Dalam karyanya **"Kitab Shakal al-Qita' (Treatise on the Quadrilateral)"**, Al-Tusi secara efektif **memisahkan trigonometri dari astronomi** dan menjadikannya disiplin matematika mandiri. Ia menyajikan Hukum Sinus untuk segitiga datar dan segitiga sferis:

$$\frac{a}{\sin A} = \frac{b}{\sin B} = \frac{c}{\sin C}$$

Indikator (Metode Analisis)

Bagian ini dalam artikel ilmiah formal menjelaskan bagaimana data (karya-karya Al-Tusi) dianalisis.

Indikator (Aspek Kritis)	**Karya Utama yang Dianalisis**	**Metode Analisis**
Integrasi Etika & Politik	*Akhlaq-i Nasiri*	Analisis Komparatif (dibandingkan dengan Etika Aristoteles dan *Tahdhib al-Akhlaq* Miskawaih).
Inovasi Kosmologi	*Tadhkira fi 'ilm al-hay'a*	Analisis Konseptual-Geometris (membedah mekanisme Pasangan Tusi).
Pengaruh Ilmiah	*Zij-i Ilkhani* (Tabel Astronomi)	Analisis Historiografi (menelusuri manuskrip dan pengaruhnya pada Copernicus).

BAB III

METODE PENELITIAN

Penelitian ini menggunakan metode kajian pustaka dengan pendekatan kualitatif untuk menganalisis pemikiran dan kontribusi Nashiruddin Al-Thusi. Metode ini diadopsi dari penelitian Ahmad Budi Susanto (2023), yang juga mengkaji pemikiran Al-Thusi. Susanto (2023) menjelaskan bahwa kajian pustaka memungkinkan peneliti untuk mengeksplorasi secara mendalam literatur yang relevan dengan topik penelitian. Oleh karena itu, metode ini dianggap sesuai untuk mencapai tujuan penelitian ini, yaitu memahami secara komprehensif pemikiran dan kontribusi Al-Thusi dalam konteks sejarah dan intelektualnya.

Data yang digunakan dalam penelitian ini adalah berbagai literatur yang membahas filsafat, pemikiran, dan peradaban Islam, khususnya yang berkaitan dengan Nashiruddin Al-Thusi. Sumber-sumber literatur ini meliputi buku-buku klasik, artikel jurnal ilmiah, dan karya-karya lain yang relevan dengan topik penelitian.

Pendekatan kualitatif digunakan untuk memahami secara mendalam makna dan konteks dari pemikiran dan kontribusi Al-Thusi. Melalui pendekatan ini, peneliti berupaya untuk mengidentifikasi implikasi filosofis, sosial, dan budaya dari pemikiran Al-Thusi, serta memahami bagaimana pemikiran tersebut berkontribusi terhadap perkembangan peradaban Islam.

BAB IV

PENUTUP

4.1 KESIMPULAN

Kajian mendalam mengenai sosok **Nashiruddin al-Tusi (1201–1274 M)** mengungkapkan bahwa ia merupakan salah satu ilmuwan Muslim paling berpengaruh dan multitalenta pada abad pertengahan. Ia bukan hanya seorang filsuf, tetapi juga ahli matematika, astronomi, etika, logika, teologi, dan ilmuwan politik. Perjalanan hidupnya berlangsung pada masa yang penuh gejolak, ketika kekuasaan Dinasti Abbasiyah melemah dan gelombang penaklukan Mongol melanda wilayah Islam. Namun, kondisi sosial-politik yang penuh tekanan ini justru menjadi latar penting bagi munculnya kreativitas ilmiah Al-Tusi. Kemampuannya untuk tetap berkarya dan memproduksi pengetahuan di tengah krisis merupakan bukti kecemerlangannya dalam menggabungkan ketahanan intelektual, kecerdasan, dan strategi adaptasi.

Salah satu temuan utama yang dapat ditarik dari penelitian tentang Al-Tusi adalah bahwa **peran ilmu pengetahuan dalam sejarah tidak selalu tumbuh di masa yang stabil**, tetapi justru sering berkembang pesat ketika terjadi disrupsi besar. Dalam hal ini, Al-Tusi menemukan peluang di tengah kekacauan, terutama setelah ia terlibat dalam struktur kekuasaan Mongol dan berhasil memanfaatkan kedekatannya dengan Hulagu Khan untuk mendirikan sebuah pusat riset astronomi terbesar pada zamannya, yaitu **Observatorium Maragha**. Observatorium ini tidak hanya berfungsi sebagai tempat penelitian astronomi, melainkan juga menjadi sebuah institusi ilmiah pertama yang memiliki perpustakaan besar, instrumen astronomi canggih, laboratorium matematika, serta staf ilmuwan dari berbagai wilayah.

Kajian literatur dan analisis sejarah menunjukkan bahwa **kontribusi Al-Tusi dalam bidang astronomi dan matematika memiliki dampak yang melampaui dunia Islam**. Penemuan terkenalnya, **Tusi Couple**—sebuah mekanisme geometri untuk menghasilkan gerak linier dari dua lingkaran—menjadi salah satu inovasi yang secara signifikan memengaruhi perkembangan model kosmologi pada masa berikutnya. Penelitian modern mengindikasikan bahwa Copernicus menggunakan konsep serupa dalam *De Revolutionibus*, yang menunjukkan bahwa ide-ide Al-Tusi telah berkontribusi pada transisi dari astronomi Ptolemaik menuju astronomi modern.

Selain itu, kontribusi Al-Tusi dalam bidang **trigonometri** sangat monumental. Ia menjadi salah satu tokoh yang memisahkan trigonometri dari astronomi sehingga menjadikannya sebagai disiplin matematika mandiri. Rumusan hukum sinus sferis dalam *Kitab al-Shakl al-Qatta'* merupakan tonggak penting yang kemudian menjadi dasar bagi perkembangan matematika praktis, navigasi laut, dan pengukuran jarak geografis.

Dalam **filsafat dan etika**, *Akhlaq-i Nasiri* menjadi karya penting yang menegaskan peran Al-Tusi sebagai pembaru pemikiran etis. Ia menyusun konsep moral yang mencakup tiga aspek: etika individu, etika rumah tangga, dan etika politik. Hal ini menunjukkan bahwa baginya etika tidak hanya terbatas pada perilaku personal, tetapi juga menjadi fondasi pemerintahan yang baik dan masyarakat yang beradab. Sintesis antara tradisi filsafat Aristotelian, etika Persia klasik, dan nilai-nilai Islam menjadikan karya ini sebagai salah satu rujukan bagi pemikir Muslim sampai berabad-abad setelahnya.

Dari sisi teologis dan epistemologis, Al-Tusi juga memainkan peran penting dalam perkembangan pemikiran Syiah, terutama melalui karya-karya kalam yang menyintesis filsafat rasional dengan doktrin teologi. Pendekatannya yang moderat dan rasionalis membentuk arah berpikir baru dalam teologi Syiah, terutama dalam konteks interaksi antara filsafat dan agama.

Secara keseluruhan, dapat disimpulkan bahwa **warisan Al-Tusi sangat luas dan multidimensional**. Ia tidak hanya mengembangkan teori, tetapi juga membangun institusi, menulis ensiklopedia, menyusun metodologi rasional, dan menciptakan lingkungan yang memungkinkan ilmu pengetahuan terus tumbuh meskipun berada di bawah kekuasaan imperium asing. Perannya menghubungkan tradisi klasik Yunani-Persia dengan perkembangan intelektual dunia Islam, dan dari sana memengaruhi Eropa melalui jaringan transmisi ilmiah yang berkembang pada abad-abad berikutnya.

Dengan demikian, kesimpulan utama penelitian ini dapat dirumuskan sebagai berikut:

1. **Al-Tusi adalah ilmuwan multidisiplin** yang memberikan kontribusi mendalam dalam filsafat, etika, matematika, astronomi, dan teologi.
2. **Inovasi ilmiahnya, terutama Tusi Couple**, menjadi jembatan penting dari astronomi klasik menuju astronomi Renaissance.
3. **Observatorium Maragha** berfungsi sebagai institusi ilmiah paling maju abad ke-13 dan menjadi model bagi observatorium generasi berikutnya, termasuk observatorium di Samarkand yang dipimpin Ulugh Beg.
4. **Sistem etika Al-Tusi** memberikan landasan moral yang menggabungkan filsafat, agama, dan politik, dan tetap menjadi rujukan dalam pemikiran Islam hingga kini.
5. **Karya-karyanya berperan besar dalam membangun kembali tradisi rasional dalam dunia Islam**, yang kemudian diteruskan oleh tokoh-tokoh seperti Qutb al-Din al-Shirazi dan Ibn al-Shatir.
6. **Pengaruhnya terhadap sains Eropa** merupakan contoh bahwa ilmu pengetahuan bersifat lintas budaya dan melampaui batas-batas peradaban.

4.2 SARAN

Berdasarkan temuan penelitian dan pembahasan mengenai kontribusi intelektual Al-Tusi, beberapa saran berikut dapat dijadikan arahan untuk penelitian lanjutan maupun pengembangan pendidikan dan literatur terkait sejarah ilmu pengetahuan.

1. Perlunya Penelitian Lintas Disiplin untuk Memahami Kompleksitas Pemikiran Al-Tusi

Pemikiran Al-Tusi tidak dapat dikotakkan dalam satu bidang saja. Ia sekaligus filsuf, ilmuwan, politisi, dan teolog. Karena itu, penelitian mendatang sebaiknya menggunakan pendekatan **interdisipliner** agar mendapatkan pemahaman yang lebih komprehensif. Misalnya:

- Mengkaji hubungan antara teori etika Al-Tusi dan praktik administrasi pemerintahan Mongol.
- Menghubungkan astronominya dengan matematika modern dan astronomi komputasional.
- Mengkaji keterkaitan antara teologi rasionalnya dan perkembangan filsafat Syiah kontemporer.

Kajian interdisipliner seperti ini akan memberikan gambaran lebih utuh tentang bagaimana satu tokoh dapat memengaruhi banyak cabang ilmu secara bersamaan.

2. Perlunya Studi Manuskrip, Digitalisasi, dan Penyusunan Edisi Kritis

Banyak karya Al-Tusi masih berada dalam bentuk manuskrip yang tersebar di berbagai perpustakaan dunia, seperti Istanbul, Teheran, Qum, London, dan Paris. Oleh karena itu, para peneliti modern perlu:

- Mengadakan digitalisasi manuskrip secara sistematis.
- Membandingkan berbagai varian teks untuk menyusun edisi kritis yang lebih akurat.
- Membuat terjemahan ke bahasa Indonesia agar dapat diakses lebih luas oleh akademisi dan masyarakat umum.

Pengembangan studi manuskrip akan meningkatkan kualitas pemahaman akademik mengenai detail pemikiran Al-Tusi yang selama ini mungkin terabaikan.

3. Penelitian Lanjutan mengenai Pengaruh Al-Tusi terhadap Perkembangan Sains Eropa

Salah satu aspek paling menarik dari warisan Al-Tusi adalah kemungkinan bahwa ide-idenya berkontribusi pada revolusi ilmiah di Eropa. Meski sudah ada penelitian mengenai hal ini, kajian mendalam masih diperlukan, terutama terkait:

- Jalur transmisi pengetahuan dari Maragha menuju Eropa.
- Perbandingan matematis antara Tusi Couple dan model geosentrik Copernicus.
- Peran pusat-pusat penerjemahan di wilayah Timur dalam menyebarkan karya Al-Tusi.

Dengan demikian, penelitian seperti ini akan memperkaya pemahaman tentang sifat global ilmu pengetahuan dan mengurangi bias eurocentrism dalam sejarah sains.

4. Integrasi Pemikiran Al-Tusi dalam Kurikulum Pendidikan Islam dan Sains

Pemikiran Al-Tusi sangat relevan dengan dunia modern yang membutuhkan integrasi antara ilmu pengetahuan dan nilai moral. Oleh karena itu:

- Kurikulum sejarah sains perlu memasukkan tokoh seperti Al-Tusi untuk menunjukkan kontribusi peradaban Islam terhadap perkembangan global.
- Karya etika Al-Tusi dapat dijadikan bahan ajar dalam mata kuliah filsafat moral Islam dan etika politik.
- Inovasi matematis dan astronominya dapat dimasukkan dalam kurikulum matematika sejarah atau astronomi dasar.

Integrasi ini akan memperkaya wawasan pelajar dan mendorong apresiasi terhadap khazanah ilmiah Islam.

5. Analisis Mendalam tentang Relasi Ilmu dan Kekuasaan pada Masa Al-Tusi

Kedudukan Al-Tusi dalam pemerintahan Mongol menimbulkan perdebatan historis, terutama terkait peran dan strategi politiknya. Oleh karena itu, diperlukan kajian:

- tentang bagaimana Al-Tusi memanfaatkan struktur kekuasaan untuk mendukung ilmu pengetahuan,
- bagaimana posisi ilmuwan dalam situasi politik yang represif,
- serta bagaimana etika dan filsafat mempengaruhi legitimasi kekuasaan Mongol.

Penelitian ini akan memberikan wawasan penting mengenai dinamika antara ilmu pengetahuan, politik, dan moralitas dalam sejarah.

6. Pengembangan Studi Komparatif dengan Tokoh Ilmuwan Muslim Lain

Untuk memahami posisi Al-Tusi dalam sejarah intelektual Islam, studi komparatif dapat dilakukan antara ia dan tokoh-tokoh seperti:

- Ibn Sina (Avicenna),
- Al-Biruni,
- Fakhruddin al-Razi,
- Ibn al-Shatir,
- Ulugh Beg.

Pendekatan komparatif akan memperkaya pemahaman tentang bagaimana ide-ide berkembang, dikritik, ditransformasikan, dan diwariskan antar generasi ilmuwan Muslim.

DAFTAR PUSTAKA

1. Nashiruddin al-Tusi, *Akhlaq-i Nasiri*, ed. oleh Mujtaba Minovi (Teheran: Khwarazmi, 1977), hlm. 45.

2. George Saliba, *Islamic Science and the Making of the European Renaissance* (Cambridge, MA: MIT Press, 2007), 121.

3. Sayyed Hossein Nasr, *Science and Civilization in Islam* (New York: Barnes & Noble, 1992), 167.

I. Karya Utama Al-Tusi (Edisi Kritis atau Terjemahan)

1. Al-Tusi, Nashiruddin. *Akhlaq-i Nasiri*. Diterjemahkan oleh G.M. Wickens sebagai *The Nasirean Ethics*. London: Allen & Unwin, 1964.

2. Al-Tusi, Nashiruddin. *Tadhkira fi 'ilm al-hay'a*. Edisi kritis dan terjemahan oleh J.M. Roberts. 2 jilid. New York: Springer, 2017.

3. Al-Tusi, Nashiruddin. *Kitab Shakal al-Qita' (Treatise on the Quadrilateral)*. Disunting oleh T. Suter. Wiesbaden: Harrassowitz Verlag, 1986.

II. Buku dan Jurnal Ilmiah (Sekunder)

4. Ahmad, Firas. "Nasir al-Din al-Tusi and the Maragha Observatory: An Intellectual Oasis during the Mongol Era." *Journal of Islamic History and Culture* 25, no. 1 (2020): 55-78.

5. Dabbagh, H. M. *The Great Astronomers of the Islamic Golden Age*. New York: Oxford University Press, 2015.

6. Gingrich, A., and King, D.A. *Islamic Astronomy in the Era of the Mongol Invasions*. London: Routledge, 2005.

7. Kennedy, E.S. "Late Medieval Planetary Theory." *Isis* 57, no. 3 (1966): 365-378.

8. Nasr, Seyyed Hossein. *Science and Civilization in Islam*. New York: Barnes & Noble, 1992.

9. Ragep, F. Jamil. "Nasir al-Din al-Tusi and the Foundations of Renaissance Astronomy." *Journal for the History of Astronomy* 34, no. 115 (2003): 55-88.

10.Rashed, Roshdi. *Encyclopedia of the History of Arabic Science*. Vol. 1. London: Routledge, 1996.

11.Sabra, A.I. *Theories of Light from Plato to Newton*. Cambridge: Cambridge University Press, 2008.

12.Saliba, George. *Islamic Science and the Making of the European Renaissance*. Cambridge, MA: MIT Press, 2007.

13.Savage-Smith, Emilie. *Medieval Islamic Science, Technology, and Medicine*. New York: Routledge, 2013.

14.Tekeli, Sevim. *The Astronomical Works of Nasīr al-Dīn al-Tūsī*. Istanbul: Tarih Kurumu, 1990.

15.Turner, Howard. *Science in Medieval Islam: An Illustrated Introduction*. Austin: University of Texas Press, 1995.

TOKOH MULLA SADRA

BAB I

PENDAHULUAN

1.1 LATAR BELAKANG

Kebenaran dalam filsafat dianggap penting. Karena salah satu definisi filsafat adalah cinta kebenaran. Dalam ajaran agama yang diwahyukan ada dua jalan untuk memperoleh pengetahuan, yaitu melalui pengetahuan yang diproleh jalan akal yang dianugerahkan Tuhan Kepada Manusiadengan menggunakan Kesan-kesan yang diproleh panca indra sebagai bahan pemikiran untuk sampai Kesimpulan-Kesimpulan, Pengetahuan (intuisi) adalah petunjuk yang diturunkan oleh Allah kepada umat manusia untuk membimbingnya menuju kebenaran dan Pengatahuan yang dibawa wahyu diyakini bersifat absolut dan mutlak benar. Sedangkan akal sendiri adalah kemampuan berpikir dan merupakan anugerah yang diberikan Allah kepada manusia yang dengannya membedakan manusia dari makhluk lainnya. Pengatahuan yang diproleh melalui akal bersifat relatif, mungkin benar dan mungkin salah. (H. Nasution, 1986) Dunia Islam menelusuri dan menela'ah pemikiran dan karya-karya para tokoh , dengan maksut menambah Khazanah pengatahuan hingga utuk kajian dan studi analisis perbandingan, maka salah satunya adalah Muhammad ibn Ibrahim Yahya Qowani Syirazi, yang dikenal sebagai dengan nama Shadr Al-Din Syirazi atau Mulla Shadra. Dilahirkan di Syiraz pada 979 H/1571 M dari keluarga Qawam yang terkenal dan terhormat. Ayahnya dikenal sebagai seorang penasehat raja dan bekerja sebagai ahli hukum Islam dipemerintahan Syafawi tepatnta di Provinsi Fars.

Pada awal abad ke 11 terjadi perubahan besar dalam substansi pengkajian dan sistematika pembahasan konsep-konsep ketuhanan dalam filsafat Islam. Sebelum abad kesebelas terdapat empat aliran filsafat yang bersifat mandiri, terpisah satu sama lain dan masing-masing berpijak pada teori dan gagasannya sendiri-sendiri. Tapi di awal abad kesebelas empat aliran tersebut berhasil dipadukan dan disatukan oleh Mulla Shadra sehingga melahirkan satu aliran dan sistem filsafat baru yang ia sebut *al-Hikmah al-Muta'aliyah*. Aliran filsafat baru ini, disamping memanfaatkan warisan pemikiran dan kaidah-kaidah filsafat terlebih dahulu, juga dapat menjembatani antara pemikiran-pemikiran filsafat dan dokrin-dokrin suci agama.

Berdasarkan urian diatas, maka penulis tertarik untuk memaparkan seorang filsuf Islam **"Mulla Shadra"** yang memiliki pengaruh terhadap perkembangan pengatahuan Islam

1.2 RUMUSAN MASALAH

1. Bagaimana Sejarah Hidup Mulla Shadra?
2. Apa Saja Karya-Karya Yang Di Tulis Mulla Shadra?
3. Bagaimana Pemikiran Filsafat Mulla Shadra?
4. Apa Pengaruh Pemikiran Mulla Shadra Terhadap Perkembangan Pemikiran Dunia

5. Apa Hikmah Muta'aliyah

1.3 TUJUAN PENULISAN

1. Untuk Mengetahui Sejarah Hidup Mulla Shadra
2. Untuk Mengetahui Karya-Karya Yang Di tulis Mulla Shadra
3. Untuk Mengetahui Pemikiran Filsafat Mulla Shadra
4. Untuk Mengetahui Pengarah Pemikiran Mulla Shadra Terhadap Perkembangan Pemikiran Dunia Islam?
5. Untuk Mengetahui Hikmah Muta'aliyah

BAB II
PEMBAHASAN

2.1 RIWAYAT HIDUP MULLA SHADRA

Nama lengkap Mulla Shadra adalah Muhammad bin Ibrahim bin Yahya al-Qawami al-Syirazi, dan diberi gelar " Shadr al-Din ", lebih popular dengan sebuah sebutan Mulla Shadra atau Shadr al-Muta allihin. Mulla Shadra adalah seseorang filosof Muslium Terbesar. Dia dilahirkan di Syiraz sekitar tahun 979-80H/ 1571-72M, dalam sebuah keluarga yang cukup berpengaruh dan terkenal, yaitu keluarga Qawam. Ayahnya adalah Ibrahim bin Yahya al- Qowami al- Syirazy salah seorang yang berilmu dan shaleh. Dan dikatakan pernah menjabat sebagai Gubenur Provinsi Fars. Secara social-politik, ia memiliki kekuasan yang Istimewa dikota asalnya, Syiraz. (Safri, 2017).

Mulla Shadra mendapatkan Pelajaran pertama di kota Syiraz. Selain dibimbing oleh keluarganya yang juga berasal dari keluarga terpandang dan terpelajar. Ia juga mendapatkan Pelajaran dari sekolah dasar dikota tersebut. Mulla Shadra adalah murid pertama dari Syaikh Al-Baha'i dan kemudian murid dari Mir Damad, Pendiri Mazhab filsafat Islam Isfahan. Di bawah asuhan kedua nya Mulla Shadra memiliki Keunggulan ilmu dibilang filsafat, tafsir, hadis, dan Irfan. Selama empat belas tahun Mulla Shadra berdiam di kahak, sebuah desa di Qum untuk melakukan uzlah akibaat tuduhan sebagai murtad oleh para setaranya. Pada saat itu, ia mencurahkan seluruh kehidupannya untuk membaca dan menulis buku. Pada tahun-tahun terakhir hidupnya, dia diminta untuk mengajar di Madrasah- ye Khan. (S. Nur, 2002).

Setelah Mulla Shadra merampungkan Pendidikan formalnya, ia terpaksa meninggalan isfahan, arena kritik sengit terhadap pandangan-pandangan nya dari kaum Syiah dogmatis. Dan dalam periode kedua , dia menarik diri dari khalayak dan menjalani uzlah di sebuah desa kecil dekat Qum. Selama periode ini pengetahuan yang pernah diprolehnya mengalami kristalisasi yang semakin utuh, dan kreativitasnya menemukan tempat penyalurannya. Dalam periode ketiga, dia Kembali sebagai pengajar di Syiraz, dan menolak tawaran untuk mengajar atau menduduki jabatan resmi di Isfahan. Semua karya pentingnya dilahirkan dalam priode ini, dia menghidupkan semangat kontemplatifnya dan melakukan praktek eksesis, beberapa argument filsofisnya diperoleh melalui pengalaman-pengalaman mukasyafah (Muthahhari, n.d.)

Mulla Shadra membangun mazhab baru filsafat dengan semangat untuk mempertemukan berbagai aliran pemikiran yang berkembang di kalangan Muslim seperti Al-Farabi, Ibn Sina, Suhrawardi, Ibn 'Arabi, serta tradisi klasik kalam (teologi dialektis) melalui Nasshiruddin al- Thusi. Tidak hanya itu, disamping itu juga mendalami ilmu tentang Al Qur'an dan Hadis. Mulla Shadra telah menghabiskan hidupnya dibeberapa tempat, selain di Syiraz, Qaswin, Isfahan Qumdan desa kahak. Terdapat beberapa catatan yang menunjukkan bahwa Mulla Shadra juga pernah ke beberapa kota suci di Irak, selain kekota suci Makkah yang dilakukan dengan jalan kaki , doia juga ke Masyhad, dan akhirnya dalam perjalanan hajinya yang ketujuh dengan jalan kaki, Mulla Shadra jatuh sakit di kota Basrah, Irak. Tidak lama berselang dalam sakit yang dideritanya Mulla Shadra akhirnya Kembali kepada allah tahun 1640 M (1045H), atau dalam sumber lain dikatakan tahun 1636 M (1045

H) atau 1637 M. Mulla Shadra dimakamkan di kota *Najaf*, tempat Amirul Mukminin Ali Bin Abi Thalib dimakamkan. (Mustamin, 2003).

2.2 KARYA-KARYA MULLA SHADRA

Menurut Thabthaba'i sebagai dikutip Nasr, Karya Mulla Shadra tidak kurang dari 46 judul ditambah dari 6 risalah yang dianggap karya Mulla Shadra. Karyanya tersebut , adayang berusaha membaginya berdasarkan tema sentral yang dikandungnya, menjadi karya murni bersifat fisolofis dan karya bersifat religius. Berdasarkan orisinilitas ide, ada yang membedakannya kepada karya asli dan karya yang hanya memuat penjelasan tentang tulisan- tulisan filosof sebelumnya, seperti penjelasan tentang metafisika Ibn Sina sebagai yang temuat dalam al-syifa ' dan al-Hikmah al-Isyraq-nya Suhrawardi. Tetapi Nasr tidak sependapat dengan fisolofis, dan mana yang mata bersifat religius semata. Dalam karya-karya Shadra umumnya kedua sisi tersebut., filosofis dan religius telah menyatu dan saling melengkapi. Bahkan menurut Nasr, Mulla Shadra beranggapan bahwa antara filsafat dan agama merupakan dua kompunen yang tidak dapat dipisahkan satu sama lain, keduanya lahir disatu puncak atau disumber yang sama, yaitu Tuhan. (Rahman, 1975).

Karya-Karya Mulla Shadra dimaksut, di antaranya:

- **Al- Hikmah al-Muta'aliyah fi Asfar al-'Aqiyyah al-Arba'ah (Kebijakan Transendental tentang Empat perjalaan Akal dan Jiwa).**

Lebih dikenal dengan judul Asfar (Perjalanan). Kitab ini merupakan karya monumental, karena menjadi dasar bagi karya pendeknya dan juga sebagai risalah pemikiran pasca-Avecinnian pada umumnya. Di dalamnya memuat simbol-simbol pengembaraan intelektual dan spritual manusia kehadirat Tuhan. Juga memuat hampir semua persoalam yang berkaitan dengan Wacana pemikiran dalam Islam, seperti ilmu kalam, Filsafat dan Tasawuf. Dalam penyajiannya menggunakan pendekatan morfologis, metafisis, dan historis. Sampai saat ini di Iran, Asfar digunakan sebagai teks tertinggi dalam memahami hikmah dan hanya akan dibaca oleh mereka yang memahami teks-teks standar ilmu kalam, filsafat, dan paritetis, teosofi isyraqi, dan dasar-dasar ajaran Irfan. (Saputra, 2016).

- **Al-Hasyr, (Tentang kebangkitan).**

Buku ini terdiri dari delapan bab yang membecirakan tentang hari kebangkitan, dan betapa semua benda, termasuk barang tambang, akan Kembali kepada Allah.

- **Al-Hikmah al-'Arsyiyyah (Hikmah diturunkan dari Arsy Iiahi)**

Buku ini membincangkan Kebangkitan dari perihal nasib masa depan manusia sasudah mati. Buku ini menjadi sumber pertikaian hebat dikalangan aliran ilmu kalam kemudiannya.

- **Melatih Al-Ghaib (Kunci Alam Al- Ghaib).**

Sebuah karya yang sangat mendasar yang ditulisnya mencapai kematangan ilmu. Berkisar doktrin Irfan tentang metafisika, kosnologi, dan ekalogi serta mengandung rujukan yang banyak dan Al-Qur-an Hadis.

- **Kitab Al-Maya 'Ir (Kitab Penemmbusan Metafisika)**

Salah satu dari karya Shadra yang banyak dipelajari engandung ringkasan teori antologi, dan lain-lain.

- **Huduts al-Alam (Penciptaan Alam)**

Membicarakan tentang asal-usul alam dan kejadianya dalam waktu berdasarkan al-harakah al-jawhariyyah, dan penolakan pemikiran terhadap Mr. Damad.

- **Kasr al-Asnam al- jahiliyyah fi dhamm al Mutasawwin (Pemunashan berhala Kejahilan dalam mendebati mereka yang berpura pura menjadi ahli Sufi)**

Kata Mutasawwifin disini yang dimaksutkan mereka adalah yang berpura-pura Sufi tapi meningkalkan ajaran syariat'

- **Al- Lama'ah Al-Masriqiyah Fi Al- Fanun Al- Mantiqiyyah (Percikan Cahaya Ahli Isyraq Dalam Seni Logika)**

Sebuah risalah ringkas tetapi penting tentang logika dan merupakan sumbangan baru dari Mulla Shadra dalam bidang logika.

- **Al- Mabda' Wa Al-Ma'ad (Permulaan Dan Pengembalian)**

Berisikan tentang metafisika, kosmologi, dan eskatologi.

- **Mutasyabihat Al- Qur'an (Ayat-Ayat yang bersifat Mustasyabihat dalam Al- Qur'an)**

Memperbincangkan Tentang ayat-ayat yang suka dipahami dan bersifat metafora dari sudut Irfan. (K. Nur, 2020).

2.3 PEMIKIRAN FILSAFAT MULLA SHADRA

Dalam Filsafat Mulla Shadra dijelaskan bahwa filsafat merupakan suatu bentuk Masyarakat penalaran dan pemikiran yang disusun secara sistematis, dengan pemikiran tersebut dapat menjelaskan bahwa filsafat menyerupai kaum arif yaitu para sufi dalam perjalanan Rohani yang mengutamakan perasaan atau hati, Dimana dipercayai bahwa seseorang pengembara Rohani harus menempuh perjalanan dan pengembaraan Rohani dengan empat tahapan berikut: (Mulla Shadra, 1981 a).

1. Perjalanan dari Makhluk menuju Al-haq (Kebenaran) atau Tuhan (Sayr min Al-Khalq ila al- Haq). Perjalanan pertama ini menunjukkan pengembaraan dari maqam nafsu (Nafs) Ke maqam hati (qalb), dari maqam hati ke maqam ruh, dan dari maqam ruh menuju ke tujuan terakhir (Al- Maqshaad Al- aqsha) atau tujuan tertinggi (Al- bahja Al- Kubra). Setiap manusia pada umumnya melalui ketiga maqam ini. Manakala seorang Manusia telah mencapai Al- Maqshaad Al- Aqsha, berarti ia telah menghadapkan wajahnya kepada Keindahan hadirat Tuhan dan ia fana' didalamnya. Maqam yang trakhir ini disebut juga dengan maqam fana' didalam Dzat Tuhan (Al-fana' Fi Aldzat) yang Didalamnya Terkandung Rahasia (Sirr), Yang Tersembunyi (Al-khafi) Dan Yang Paling Tersembunyi (Al-Akhfa').

2. Perjalanan dengan al-Haq dan Dalam Al- Haq, Tuhan (Sayr Bi Al-Haq Fi Al-haq). Setelah Pengembara Spiritual dekat dengan Dzat Al- Haq maka dengan bantuan-nya mereka mengadakan perjalanan dalam berbagai kesempurnaan dan sifat-sifat nya .

3. Perjalanan dari dan Dengan Al-Haq Yaitu Tuhan menuju makhluk (Sayr Min Al-Haq Ila Al-Khalaq Bi Al-Haq) sang pengembara spiritual Atau para sufi Kembali ketengah

Masyarakat, namun kembalinya ini bukan berarti berpisah dari Al-Haq, mereka menyaksikan keberadaan Al-haq pada segala sesuatu dan Bersama segala sesuatu.

4. Perjalanan dalam mahkluk dengan Al-Haq yaitu tuhan (sayr Fi Al-Khalq Bi Al-Haq). Sang pengembara spiritual atau sufi berusaha untuk memberi petunjuk Masyarakat serta membumbing mereka kepada Al-Haq.

Pemikiran Tentang Hikmah Muta'aliyah

Dalam Filsafat Mulla Shadra terdapat empat aliran berpikir yaitu : Aliran Paripatetik, Iluminasi, Klama dan Tasyawuf, Tergabung secara sempurna dan melahirkan aliran baru yang disebut Hikmah Muta'aliyah. Kata Hikmah identik dengan philosophia, yang dalam Filsafat Yunani diartikan kepada cinta kepada kebenaran. Selain itu, dalam islam terdapat beberapa ayat Al-Qur'an yang menyebutkan kata Hikmah. Oleh karna itu, Al-Qur'an memberikan justifikasi terhadap aktifitas Filsafat. (H.B. Nasution 2006a) Muta'aliyah diartikan sebagai yang tertinggi atau yang melebihi yang lain. Maksud dari pengertian ini adalah Muta'aliyah sebagai sistem Filsafat yang melebihi Filsafat Paripatetik, Ilmu Iluminasionisme dan Gnostik. Maka Hikmah Muta'aliyah adalah Kebijaksanaan Yang diperoleh lewat pencerahan Rohani yang disajika dalam bentuk rasional dengan menggunakan argumen-argumen Rasional. (Jalaluddin Rahmad, 2001) Tujuan dari Filsafat Mulla shadra adalah untuk mengenal Allah sebagai yang tertinggi, sempurna dan berada di luar jangkauan alam. (H. B. Naution, 2006b) walaupun secara metologi ALIRAN Filsafat Hikmah Muta'aliyah ini sama dengan empat aliran diatas tetapi pemikiran yang dihasilkannya sedikit berbeda. Karena itulak aliran filsafat Hikmah Muta'aliyah dapat dikatakan sebagai alira filsafat yang berdiri sendiri dan merupakan pandangan baru yang dikemukkan oleh Mullasadra. Hikmah Muta'aliyah telah mampu melahirkan metode pemikiran baru dan aliran ini telah menggabungkan filsafat, ilmu kalam tasawuf, dan Syariat. Dan artinya Muta'aliyah telah mampu mengadopsi berbagai corak pemikiran islam secara keseluruhan. (Haidar Bagir, n.d.-a)

Aliran Filsafat Hikmah Muta'aliyah Mullasadra ini mampu menggabungkan antara doktrin islam dengan pemikiran filsafat. Al-Qur'an dan Al-Hadist menjadi tumpuan dan sumber ilham untuk menyelesaikan setiap persoalan dan pembahasan yang rumit dalam filsafat. Inilah salah satu pemikiran Mullasadra yang menjadi kelebihan baginya karena pemikiran yang seperti ini tidak dimiliki oleh pemikir yang lain. Penggabungan akal dan wahyu tersebut menjadikan karya-karya fissafatnya bercorak Al-Qur'an dan Al-Hadist. Bagi pengkaji filsafat dengan pemikiran yang demikian, sehingga dapat menemukan posisi filsafat Hikmah Muta'aliyah yang dikemukakan oleh Mullasadra jelas menunjukkan sebuah warna diantara filsafat yang ada. Bagu Mullasadra, akala atau syuhud keduanya merupakan bagian yang tidak terpisahkan dalam filsafat dan meyakini bahwa Isyraqi tanpa argumentasi rasional tidaklah memiliki nilai apapun, demikian juga sebaliknya (Haidar Bagir, n.d.-b)

Dalam melaksanakan aktifitas ibadak Suluk yang tujuannya adalah untuk mrcapai Makrifat atau mengenal Allah SWT dalam perkara ini, pekerjaan yang agak sukar yang akan dilakukan oleh seorang hamba adalah Bathin. Karena penggunaan Bathin diperlukan kepada seseorang pembimbing atau apa yang dinamakan sebagai Guru. Guru itulah yang mampu membimbing seorang Salik untuk melewati maqamat-maqamat atau tahap-tahapan perjalan Rohani. dalam perjalanan seseorang mwnuju kemakrifah Allah, tentu dipengaruhi dengan berbagai godaan. Pada posisi ini berbagai godaan akan selalu sedapat mungkin untuk memperdayakan manusia yang akan berbuat baik dan benar. Apabila salik atau seseorang hamba sanggup menghadapi ini semua, baru mereka bisa mencapai puncak kesempurnaan dirinya. Dengan argumentasi-argumentasi rasional Mulla Shadra telah memberikan pelita bimbingan bagi para ilmuwan dan intelektual untuk dapat menempuh jalan ruhaini dalam upaya ma'ntat kepada Allah Swt dan pencerahan batin. Inilah metode Hikmah Muta'aliyah yang dikembangkan Mulla Shadra. (Mulla Shadra. 1981b).

Pemikiran Mulla Shadra ini juga menunjukkan bahwa kebenaran mistis yang diproleh berdasarkan perjalanan ruhani merupakan kebenaran intelektual itu sendiri dan Pengalaman-Pengalaman mistis yang diproleh merupakan pengalaman kognitif yang dihasilkan dari proses berpikir. Dalam hal ini, menurut Mulla Shadra yang diperlukan adalah Upaya ilmiah yang dapat menjadi bukti logis dalam perkara tersebut. Mulla Shadra beranggapan bahwa musyahadah yang dihasilkan melalui proses mukasyafah merupakan kebenaran Ilahi dan Hakikim aka pastilah rasional dan akal dapat membuktikkan secara rasional dan tidak bertentangan diantara keduanya. Wahyu dan akal merupakan sebuah kesatuan dan Gambaran- Gambaran kemananggulan wujud Tuhan. Akal yang sehat dengan wahyu yang benar dalam pandanagan Mulla Shadra, Keduannya adalah satu warna. Selain pemikiran diatas Mulla Shadra membahas tentang persoalan filsafah yaitu.

1.Kehakikian Eksistensi (al-ashalah al-wujud)

Sesudah Suhrawardi, Sejarah tradisi filsafat berlanjut pada arahnya yang sama, Memunculkan prestasi lain yang bersifat fundamental seperti prestasi sebelumnya. Seperti salah satu munculnya jenis filsafat Eksistensialime Islam, yang secara resmi disebut dengan ashalat al-wujud. Pendiri mazhab filsafat ini adalah Shadr al- Dien Syirazi (Mulla Shadra) yang menyebut metodologi pemikirannya metafilsafat (al- Hikmat al-Muta'aliyah). Maksut (al- ashalah al-wujud) terjadi diatas dua modus (pola perwujudan): eksistensi dan kualitas (esensi). Dari kedua modus itu, yang benar- benar hakiki (Real) secara menda sar adalah ekstensi , sedangkan kualitas (ekstensi) tidak lebih " Penampakkan" (*appriance*) belaka.

Wujud secara esensial merupakan realitas yang hakiki dan kuiditas hanyalah sebatas raelitas yang hakiki dan kuiditas hanyalah sebatas realitas yang menceritakan tentang wujud. Dengan kata lain, Kuiditas adalah Batasan wujud dan secara aksiden terprediksikan kepada wujud. (Haidar Bagir, 2005a) Oleh karena itu, Ketika berhadapan dengan realitas sesuatu yang ada dialam eksternal, maka secara lahiriah yang diserap oleh panca indra adalah eksistensi, sedangkan kuaditas (*al-mahiyah*) bukan wujudnya, namun wujud sesuatu itulah yang sebenarnya merupakan realitas hakiki yang berada dialam luar yang mendasari keberadaan kuiditas. Kuiditas sesuatu sepenuhnya bergantung kepada wujud. Jika wujud tiada maka kuiditas pun menjadi tiada.

2. Gradisi Wujud (*tasyik al-wujud*)

Mulla Shadra mengatakan bahwa alam semesta adalah benar- benar eksistensi, menurut beliau juga eksistensi ini sama dengan eksistensi Tuhan. Namun demikian, Mulla Shadra tidak menyimpulkan sebagai wahdat al-wujud, tetapi mengajukan tasyik al-wujud sebagai solusinya, yakni bahwa eksistensi ini mempunyai gradisi yang secara berkesanimbungan. Jadi menurut Mulla Shadra, mulai dari ada mutlak terdapat gradisi ada nisbi yang tidak terhingga. Oleh karena itu, menurut beliau relatitas terbentang dari kutub ada mutlak sampai kutub ada mtutlak dengan perbedaan Tingkat kualitas dan intesitasnya. Inilah pandangan Mulla Shadra yang disebutnya sebagai Hikmah al-Muta'aliyah. (Maitre, n.d.)

Mulla Shadra memahami konsep kesatuan wujud dalam hubunganya dengan kemajemukan eksistensi diumpamakan bagaikan cahaya - cahaya matahari dalam hubunganya dengan matahari itu sendiri. Menurut Mulla Shadra, Cahaya – Cahaya matahari tersebut bukanlah matahari dan pada waktu yang sama tidak lain, kecuali matahari. Mulla Shadra kemudian mengatakan lagi bahwa benda - benda disekitar dan apa yang disaksikan dialam semesta ini, bukan hanya ilusi tetapi benar-benar mempunyai eksistensi sama seperti eksistensi Tuhan. Namun, eksistensi yang merupakan realitan tersebut tidak pernah bisa ditangkap oleh rasio, karena rasio hanya mampu menangkap essensi atau gagasan umum. Ada perbedaan mendasar antara esensi dan eksitensi. Bagi Mulla Shadra, eksistensi adalah realitas opyektif diluar pikiran, sedang esensi adalah Gambaran umum tentang realitas atau benda yang ada dalam pikiran, sehingga hanya merupakan wujud mental. Namun demikian, Gambaran umum tersebut juga tidak bisa dianggap sebagai hakekat wujud, karena transformasinya kedalam konsep mental yang abstrak pasti mengandung kesalahan. (Haidar Bagir, 2005b).

3. Gerak suptansial (al-harakah al-jauhriyah)

Teori Gerak Suptansial (al-harakah al-jauhriyah), Mulla Shadra menjelaskan tentang Gerak atau perubahan pada subtansi. Dari Gerak subtansi sehingga menyebabkan perubahan pada aksiden. Hal ini bisa melihat contoh pada buah-buahan seperti buah pisang, pertama muncul berwarna kuning muda atau agak kuning putih, kemudian Ketika matang berubah warnanya hijau muda dan kemudian hijau tua, selanjutnya berubah warna kekuning kuningan agak tua jika sudah masak. (Nasr, 1993) semua kenyataan wujud yang bersifat gradisi berada dalam Gerak yang terus menerus dan ini akan menghasilkan beberapa hal yait: pertama, tingkatan-tingkatan wujud tidak lagi statis, tetapi terus bergerak dan mencapai bentuk-bentuk wujud yang lebih tinggi dalam waktu. Kedua, Gerak semesta berakhir pada alam ketuhanan dan Bersatu dengan sifat-sifat Tuhan. Ketiga, wujud dalam dapat diterapkan pada seluruh tangga evolusi dengan gradasi. Keempat, maing-masing tangga wujud yang lebih melampaui dan meliputu semua tangga wujud lebih rendah. Kelima, semakin sempurna eksistensi sesuatu semakin sedikit essensi yang dimiliki, karena eksistensi bersifat nyata, konkrit, individual dan bercahaya, sedang essensi adalah kebalikan eksistensi dan hanya ada dalam pemikiran karena pengaruh eksistensi (m,m syarif 1993)

Panda Mulla Shadra dalam penjelasan ini mengajukan buktu-bukti untuk Gerakan subtansial. Bukti yang terpenting adalah bukti kebergantungan aksiden substansi dalam perubahan dan stabilitasnya. Bukti ini sesungguhnya didasarkan pada pengaruh-pengaruh substansi terhadap aksiden. Bukti kedua didasarkan pada hubungan antara yang berubah dan yang tidak berubah serta pada kenyataanya berkaitan dengan penyebab-penyebab terjadinyua substansi.

4.Filsafat Jiwa

Aristoteles mendenifikasikan jiwa sebagai Entelechy badan. Oleh sebab itu tidak bersifat abadi dalam arti bermula, jiwa itu tidak dapat dipidahkan dan bebas dari materi. Untuk menyatakan bahwa itu terpisah dan bebas dari materi hanyalah dengamn meyakini adanya praeksistensi jiwa. Pada saat yang bersamaan Mulla Shadra menolak pandangan ibn sina yang menyatakan bahwa jiwa adalah sebuah konsep Realisional dan bukan merupakan sesuatu yang bersifat substantif. Bila jiwa sejak lahir berda dalam satu materi, kejiwaannya tidak dapat diartikan sebagai suatu relasi Dimana seolah olah jiwa memiliki eksistensi bebas, maka tidak mungkin untuk menyatukan jiwa dengan badan.

Sedangkan menurut Shadra, jiwa iti bersandar dalam prinsip dasar yang disebut perubahan subtansif (istihalah jauhhariyyah). Padfa umumnya, Jiwa itu bersifat jasmaniyah tetapi akhirnya bersifat spritul selamanya (jamaniyat Al- hudus ruhaniat al- baqa') artinya manakala jiwa muncul atas landasan materi, bukanlah berarti jiwa itu bersifat materi secara absolut. Dengan prinsp perubahan subtansif ini, dituntut adanya tingakatan yang lebih tinggi dari landasan Dimana jiwa berada. Oleh sebab itu, dalam bentuk kehidupan yang paling rendah sekalipun, seperyi tumbuh- tubuhan yang bergantung materi. Materi atau tubuh itu hanyalah instrumen dan merupakan Langkah pertama untuk perpindahan dalam alam materi manuju alam spiritual. Shadra menegaskan bahwa badan sebagai mana iya akan " Dibangkitkan" secara identik adalah sama dengan badan, pada titik ini Shadra menduduki posisi yang sama dengan Al- Ghazali dan mencela pandangannya tentang kebangkitan badan sebagai varian dari perpindahan jiwa.

5.Filsafat Pengatahuan Epistimologi

Mulla Shadra menetapkan tiga jalan utama untuk mencapai kebenaran atau pengatahuan yaitu jalan wahyu, jalan inteleksi (ta'aaqul). Dan jalan musyadah dan mukasyafah (jalan penyucian kalbu dan penyingkaban mata hati) dengan menggunakan istilah lain. Mulla Shadra menyebut jalan tersebut sebagai jalan Al-Qur-an, jalan al-Burhan, dan jalan Al- Irfan. Istilah husuli (konseptual) tersebut merupakan kunci penting memahami teori Mulla Shadra. Dalam teori pengatahuannya, Mulla Shadra membagi pengatahuan menjadi dua jenis: Pengetahuan husuli atau konseptual dan pengatahuan atau ilmu huduri. Bentuk pengatahuan ini dalam diri seorang yang telah mencapai pengatahuan bertingkat tinggi. Bangunan epistemologi Mulla Shadra berkaitan erat dengan idenya tentang wahdah (unity), asalah (perinci pality), tasykik (gradation) dan ide perubahan subtanstif. Menurut Shadra wujud atau realitas itu hanyalah satu yang membentuk hierarki dari debu hingga singga sana illahi. Tuhan sendiri adalah wujud mutlak yang menjadi titik wujud permulaan itu, dengan demikian Tuhan adalah transenden visa- visa rantai wujud.

Bagi Shadra fisafat dapat dibedakan menjadi dua bagian utamaaa: (1) bersifat teoritis, yang mengacu pada pengatahuan tentang segala sesuatu adanya. (2) bersifat praktis yang mengacu pada pencapaian kesempurnaan yang cocok bagi jiwa. Mulla Shadra memandang adanya titik temu filsafat dan agama sebagai satu bangunan kebenaran yang membuktikannya melalui pelacakan atas jejak-jejak kesejarahan manusia dan membentakkan seluruh faktanya. Menurut Shadra ditiap tempat kurun waktu tertentu selalu ada sosok yang bertanggung jawab dalam menyebarkaan kebijakan (Hikmah). Jika dikaitkan dengan teori pengetahuannya tampak bahwa titik pusat filsafat Mulla Shadra ialah pengalaman makrifat (Al- Irfan) tentang wujud sebagai hakikat atau kenyataan tertinggi. Bagi Mulla Shadra bukan keberadaan benda itu yang prnting, melainkan penglihatan bathin subjek yang mengamati alam keberadaan atau kewujudan.

6. Filsafat ketuhan (metafisika)

Gagasan Mulla Shadra tentang Tuhan berbeda dengan gagasan ketuhanan yang dimiliki oleh Al-Farabi dan Ibdi Sina. Mulla Shadra berpendapat bahwa keditak butuhan dan kesempurnaan esensi tuhan tidak cukup dengan menegaskan keqadiman dan kemanggulan esensi tuhan tak cukup dengan menegaskan keqadiman dan kemananggulan esensi tuhan dan wujud Dalam pandangan teorinyam bahwa tuhan yang merupakan wujud murni dan basit, bukan dalil atas keniscayaan dan tidak kebutuhan mtlak tuhan. Teori ini tidak lain menegaskan bahwa maujud yang terasumsi merupakan wujud hakiki, bukan maujud majasi. Dalam sistem metafisika hikmah Muta'aliyah yang berpijak pada teori kehakikitan wujud, wujud Tuhan digegaskan sebagai wahyu berintetitas tinggi yang tak terbatas, sedangkan makhluq merupakan suatu wujud yang berintensitas rendah, membutuhkan dan mustahil menjadi sebab kehadiran baginya sendiri, karena itu dia harus bergantung pada wujud mutlak. Mulla Shadra bernggapan bahwa tuhan secara mutlak memiliki kesempurnaan dan zatnya menyatu secara hakiki dengan sifatNya. Perbedaan tuhan dengan makhluq tak dipahami sebagai dua realitas yang memiliki batasan dan garis pemisah. Tapi perbedaan keduanya terletak pada kesempurnaan Tuhan dan kekurangan Makhluq, kekuatan dan kelamahan Makhluq. Oleh sebab itu perbedaan antara keduanya bukan perbedaan yang berhadapan, tapi perbedaan yang bersifat "mencangkupi dan meliputi". Dengan ungkapan lain segala wujud selainnya merupakan sesuatu rangkaian- rangkaian gradisi dan manifestasi Cahaya Zat dan Sifatnya bukan sebagai realitas-realitas yang mandiri dan berpisah secara hakiki dari WujudNya. Kesatuan wujud dan maujud secara menyeluruh dan hakiki dalam realitas kemajemukan keduanya. Menurut Mulla Shadra, pemahaman Tauhid seperti itu merupakan tingkatan tertinggi dan tauhit yang dimiliki oleh para monoteis sejati.

2.4 PENGARUH PEMIKIRAN MULLA SHADRA TERHADAP PERKEMBANGAN PEMIKIRAN DUNIA ISLAM

Pengaruh Mulla Shadra pada masanya sangat terbatas dan mazabnya hanya mempunyai sedikit pengikut. Ajaran Shadra menyebar secara gradual terutama berkat komentar-komentarnya terhadap karya ibnu sina dan Ashuhawardi yang menarik perhatian para pengikut mazhab Peripatetikme (logika" Aristoteles) dan iluminasiosisme. Tokoh penting pertama mazhab Mulla Shadra mullah 'ali Nuri (wafat 1246) sementara itu Asytiyani memproklamasikan diri sebagai pengikut terbesar dan terbaik dikalangan para komentator Mulla Shadra.

Mulla Shadra bukan sekedar filusuf terkenal selama enam abad terakhir. Bagi Sebagian orang ia telah dianggap setara dengan ibnu sina dan Al-Farabi bahkan melampui keduanya. Meskipun ia menguasai semua mazab filsafat pada Zamannya (peripatetik,iluminasionisme,teologi islam dan Irfan) ia tak pernah secara total di pengaruhi dan meretas pada mazab filsafatnya sendiri, filsafat transenden (al-hikmah al muta'aliyah).

Ia mengkritik semua titik lemah yang di suguhkan oleh filusuf agung sebelumnya dan mencoba menyajikan sejumlah pemecahan filsufis atas masalah-masalah tersebut. Hal itu membuktikan bahwa Mulla Shadra merupakan seorang filsufuf muslim yang produktif, kreatif, dan orisinal dengan karyanya yang begitu banyak mencangkup berbagai bidang pemikiran islam yang tertulis , baik dengan Bahasa arab maupun dengan Bahasa Persia Dari semua karyanya Al-hikmah Al-muta'aliyah fi asfar Al-Arba'ah merupakan karyanya yang terbesar.

Pengaruhnya pemikirannya merambah ke berbagai belahan dunia islam lainnya, seperti Iran, India, dan Pakistan. Al-Maududi menerjemahkan secara khusus kitab Al-Asfar Mulla Shadra. Trakhir, pemikir islam yang konsep terhadap filsafat Mulla Shadra adalah Fazlur Rahman dengan bukunya '' The Philoshopy Shandra.''(Risnalilwandi, 2015).

A. Hikmah Muta'aliyah

Mulla Shadra mengkritisi pemikiran filsafat islam kedalam pendekatan sentesis akhir berbagai pemikiran filsafat. Basis utama pemikirannya yaitu bertumpu pada ajaran alQur-an dan al-Sunnah, filsafat peripatetik, ilupetetik,imuminatif, kalam sunni dan syi'ah serta irfani (gnosis) Mulla Shadra membuat sentesis secara menyeluruh yang ia namakan Al-hikmah Al-mutta'aliyah. Sumber pertama bagi Al-hikmah Al-mutta'aliyah adalah sumber-sumber tradisi islam itu sendiri, yaitu AlQur-An. Pengaruh AlQur-an terhadap dirinya tidak saja terbatas pada penafsiran-penafsirannya secara formal. Di lingkungan, kreatifitas tidak berarti adanya penemuan atau penciptaan suatu'' kebenaran'' oleh seseorang, melainkan adanya suatu fisi baru tentang realitas, sebagai sesuatu fisi yang baru,kreatifitas berarti adanya suatu Tindakan kreatif. Dimana kebenaran-kebenaran unifersal yang sama memperoleh interpretasi dan aplikasi yang baru, sesuai dengan momentum tertentu perjalan tradisi. Mulla Hadi Sabjiwari, murid dan penerus ajaran Mulla Shadra. Wujud potensial sekaligus aktual, aktualitas terjadi dalam Gerak.karna itu, bagi mereka, Gerak tidak mengenai substansi tetapi hanya terjadi dalam aksiden, yakni kuwalitas dan kuwantintas, posisi dan tempat substansi tidak ikut bergerak karna jika itu terjadi, ia telah berubah menjadi yang lain.

Shadra tidak bisa menerima pendapat seperti itu. Menurutnya Gerak tidak bisa disebabkan karna sesuatu yang diam, karna ia hanya mengerti dirinya sebagai sesuatu yang tetap dan kenyataan saat ini. Dengan kata lain, bagi Shadra, Gerak atau perubahan hanya terjadi pada empat katagori aksiden dan juga pada substansi. Bahkan Gerak substansi inilah yang paling penting dan fundamental yakni aksiden bergantung pada substansi maka Gerak substansi merupan penyebabnya pada perubahan aksiden.

Semua realitas Gerak yang terus menerus ini. Hasilnya

1. Tingkatan-tingkatan wujud tidak lagi statis tetapi terus bergerak dan mencapai bentuk-bentuk yang lebih tinggi dalam waktu.
2. Gerak semesta berkahir dalam alam.
3. Wujud dapat di terapkan pada seluruh tangga evolusi.
4. Semakin sempurna ektensi dan sedang esensi adalah kebalikan eksistensi dan hanya ada dalam pikiran.

SKEMA PRADIGMA TOKOH

	Ibdu Sina	**Suhrawardi**	**Ibn'arabi**	**Mulla Shadra**
Hubungan Eksistensi	Eksistensi Mendahului Esensi	Esensi Mendahui Eksistensi	Eksestensi Mendahui Esensi	Eksesten Mendahului Esensi
Struktur Realitas	Jenjang Eksistensi	Gradisi Esensi	Jenjang Eksistensi	Gradasi Eksistensi
Metode Keilmuan	Rasio- Wujud	Rasio-Wahyu-Intuisi	Intuisi-Wahyu	Raiso-Intuisi-Wahyu
Eksistensi	Rill	Mental	Rill	Rill

BAB III

PENUTUP

3.1 KESIMPULAN

Nama lengkap Mulla Shadra adalah Muhammad bin Ibrahim bin Yahya al-Qawami al-Syirai, dan diberi gelar "Shadr al-Din, lebih popular dengan sebutan Mulla Shadra atau Shadr al-Muta'alihin. Mulla Shadra adalah seorang filosof Muslim terbesar. Dia dilahirkan di Syiraz sekitar tahun 979-80 H\ 1571-72 M dalam sebuah keluarga yang cukup berpengaruh dan terkenal, yaitu keluarga Qawam. Ayahnya adalah ibrahim bin Yahya al-Qowami al-Syirazy salah seorang yang beriilmu dan saleh, dan dikatakan pernah menjabat sebagai Gubernur Proponsi Fars. Secara social-politik, ia memiliki kekuasan yang Istimewa di kota asalnya, Syiraz.

Menurut Thab thaba'I sebagai dikutip Nasr, karya Mulla Shadra tidak kurang 46 judul ditambah 6 risalah yang dianggap karya Mulla Shadra. Karyanya tersebut, ada yang berusaha membaginya berdasarkan tema sentral yang dikandungnya, menjadi karya murni bersifat filosofis dan karya yang bersifat reliogius karya-karya Mulla Shadra dimaksud, diantaranya ; Al- Hikmah al-Muta'aliyyah fi Asfar al-Aqliyyah al-Arba'ah (Kebijakan Transendental tentang Empat perjalanan Akal pada Jiwa), Al- Hasyr, (tentang kebangkitan), Al- Hikmah al- Arsiyyah (Hikmah diturunkan dari Arsy Illahi, Mafatih al-Ghaib (Kunci Alam Al-Ghaib), Kitab al-Masya'ir Huduts al-Anam, Kasr al-Asnam al-Jahiliyyah fi dhamm al-Mutasawwin, Al-Lama'ah al- Masyriqiyyah, Al-Mabda' wa al-Ma'ad, dan Mutasyabihat al-Qur-an.

Dalam filsafat Mulla Shadra dijelaskan bahwa filsafat merupakan suatu bentuk Masyarakat penalaran dan pemikirannya yang disusun secara sistemetis, dengan pemikiran tersebut dapat menjelaskan bahwa filsafat menyerupai kaum arif yaitu para sufi dalam perjalanan Rohani yang mengutamakan perasaan atau hati. Adapun corak pemikiran filsafat Mulla Shadra diantaranya ialah Pemikiran Tentang Hikmah Muta'aliyyah. Kehakikian Eksistensi (*al-ashalah al-wujud*), Gradisi wujud (*tasyrik al-wujud*), Gerak Subsintal (*al-harakah al-jauhariyyah*), filsafat jiwa, Filsafat Pengetahuan atau Epistemologi, dan Filsafat Ketuhanan (metafisika).

Mulla Shadra bukan sekedar filusuf terkenal selama enam abad terakhir. Bagi Sebagian orang yang ia telah anggap setara dengan ibdu sina dan Al-Farabi bahkan pelampaui keduannya. Mulla Shadra merupakan seorang filusuf muslim yang cukup produktif, kreatif, dan orisinal dengan karya nya yang begitu banyak mencangkup berbagai bidang pemikiran islam yang ditulis, baik dengan Bahasa arab maupun dengan Bahasa Persia. Dari semua karyanya Al- Hikmah Al-Muta'aliyyah fi asfar Al- Arba'ah merupakan karyanya yang tebesar

3.2 SARAN

Demikianlah makalah tentang MULLA SHADRA yang dapat disampaikan. Kami sebagai penulis berharap agar para pembaca dapat memberikan kritik dan saran yang positif apabila terdapat kesalahan dalam Makala ini Semoga Makala ini memberikan manfaat serta hikmah, khususnya untuk penulis dan umumnya untuk semua pembacanya.

DAFTAR PUSTAKA

Haidar Bagir. (n.d,-a). *Buku Saku Filsafat.*

Haidar Bagir. (n.d,b). *Buku Saku Filsafat.*

Haidar Bagir. (2005a). *Buku Saku Filsafat.* Mizan.

Haidar Bagir.(2005b). *Buku Saku Filsafat.* Mizan.

Jalaluddin Rahmad. (2001), *Mulla Shadra; Ke' arifan Puncak.* Pustaka Pelajar.

m,.m Sharif, I. (1993). *Tentang Tuhan Dan Keindahan.* Mizan.

Maitre, C, (n.d.). *Pengantar Ke Pemikiran.*

Mulla Shadra. (1981a). *al-hikmah al-muta'aliyyah fi al-safar al-aqliyah al-arba'ah Dar Al-Turats Al-farabi.*

Mulla Shadra. (1981b). *al-hikmah al-muta'aliyyah fi al-safar al-aqliyah al-arba'ah Dar Al-Turats Al-farabi.*

Mustamin, A.-M. (2003). Menuju Kesempurnaan; *Persepsi dalam Pemikiran Mulla Shadra Safinah.*

Muthahhari, M. (n.d.). *Filsafat Hikmah;* Pengantar Pemikiran Shadra Mirzan.

Nasr, H. (1993). *Sepiritual Dan Seni Islam.* Nizan.

Nasution, H. (1986). Akal Dan Wahyu Dalam Agama Islam. *UI. PRESS.*

Nasution, H. B. (2006a). *Hikmah Muta'aliyyah, Pengantar filsafat Islam Konteporer.* Cita Pustaka Midia.

Nasution H. B. (2006b). *Hikmah Muta'aliyyah.* Cita Pustaka.

Nur, K. (2020). KONSEP AL- HIKMAH DALAM FILSAFAT MULLA SHADRA. *KONSEP AL- HIKMAH DALAM FILSAFAT MULLA SHADRA, XVIII.*

Nur, S. (2002). *Filsafat Wujud Mulla Shadra.* Pustaka Pelajar.

Rahman, F. (1975). The Philoshopy of Mulla Shadra. (Albani : Stace *University of new York Press*).

Risnalilwandi. (2015). Filsafaf Mulla Shadra. Wordpress.Com. https://risnalawandi.wordpress.com\2015\09\03makalah-filsafat-islam-mulla-shadra/Safri,B, (2017) *PEMIKIRAN ETIKA MULLA SHADRA. 11(1), 63-65.*

Saputra, H. (2016). KONSEP EPISTEMOLOGI MULLA SHADRA. *Fakultas Ushulluddin Dan Filsafat UIN Ar-Raniry, Banda Aceh, Indonesia, 18/(2), 186-187*

BIOGRAFI PENULIS

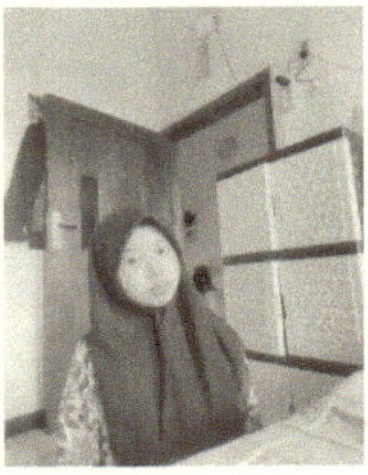

Aisatur Rodyah, biasa dipanggil Aisyah. Lahir dan tumbuh di kota Probolinggo, Kecamatan Kanigaran pada 18 Mei 2008. Mahasiswi dari Institut Ahmad Dahlan. Saya memandang ilmu sebagai amanah untuk menegakkan keadilan dan kemaslahatan. **"Hidup yang tidak dipertaruhkan, tak akan pernah dimenangkan"**_@Syaagirls

Elviana sehari hari di panggil Elvi atau eddug.Lahir di kota Lumajang,pada tanggal 07 bulan april 2009,merupakan anak terakhir dari 3 bersaudara, sekarang menjadi mahasiswa aktif di institut Ahmad Dahlan Probolinggo,jurusan ekonomi syariah. " ***Saya takut tapi saya lebih takut ketika saya tidak mencoba"***

M.Rifa saropa, biasa di panggil Rifa, Lahir di Probolinggo 7 mei 2005 dan kini ia aktif sebagai mahasiswa di Institut Ahmad Dahlan Probolinggo.

" Every chapter has it's own lesson"

Hainil Quryatul Hikmah, lahir di Kota Probolinggo, Kecamatan Leces pada 16 Juli 2007. Telah menempuh pendidikan di MI, MTs, dan MA, dan saat ini melanjutkan studi sebagai mahasiswa di IAD Probolinggo.

"Buku yang tidak kamu sukai bukanlah penghalang, melainkan kunci untuk membuka pintu pandangan baru yang belum pernah kamu kunjungi."

Ulfatun hasanah, saya seorang mahasiswa yang gemar menulis dan nonton. Lahir di probolinggo pada 27 Januari 2007. Saat ini sedang menempuh pendidikan di Institut ahmad dahlan probolinggo. ***"Allah selalu punya rencana yang lebih indah dari yang kita bayangkan. Sekarang, aku melangkah lagi, memulai babak baru yang lebih sabar, lebih ikhlas, dan jauh lebih berani dari sebelumnya"***

Maulana Malik Ibrahim, sehari-hari akrab dipanggil Baim. Lahir di Kota Probolinggo, Kecamatan Wonomerto pada 4 April tahun 2007. Sekarang menjadi mahasiswa aktif di Institut Ahmad Dahlan (IAD) Probolinggo, **"Lewati saja badainya jangan rubah *tujuannya"***

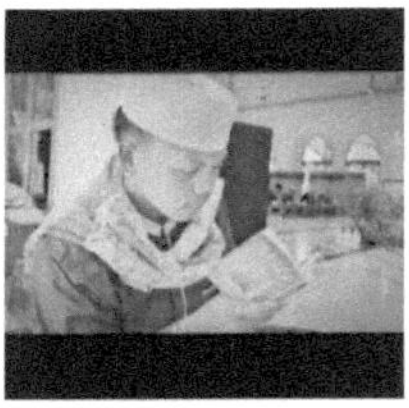

Imam Wahyudi, lahir di kabupaten Probolinggo kecamatan Kuripan pada 17 Agustus 2005, penulis merupakan anak terakhir (bungsu). Telah mengenyam pendidikan MI, SMP, MA di kota kelahirannya Probolinggo. Dan sekarang menjadi mahasiswa aktif di INSTITUT AHMAD DAHLAN PROBOLINGGO, prodi Ekonomi Syariah. ***"Jangan hidup untuk disukai banyak orang, tapi hiduplah untuk bantu banyak orang"***

Abul Hoir Fadlullah, biasa dipanggil Aab. Lahir di Desa Blado kulon, kec. tegalsiwalan, kab. Probolinggo. Pada Tanggal 01-April-2007.Telah mengenyam pendidikan MI, MTS, MA. Dan sekarang menjadi mahasiswa di. INSTITUT AHMAD DAHLAN (IAD) Probolinggo, program studi Ekonomi Syari'ah. ***Percaya diri itu penting, tapi percaya proses jauh lebih penting. Yang tekun akan menang, yang sabar akan sampai.***

SYIFA KUMALA SARI. Biasa di panggil Syifa, lahir di kota probolinggo tahun 2008.Dengan hobi Bernyanyi, Sekarang menjadi mahasiswa siswa aktif di INSTITUT AHMAD DAHLAN PROBOLINGGO dengan jurusan EKONOMI SYARI'AH. ***" Sahabat adalah orang yang menyelamatkan kita dari neraka yaitu kesepian. Berjalan dengan sahabat di kegelapan lebik baik dari pada jalan sendirian dalam Terang"***

Syaharani Fahmia Bilqis, biasa dipanggil Rani, lahir di Trenggalek pada 04 Maret 2007. Merupakan anak terakhir dari dua bersaudara. Sekarang ia menjadi mahasiswa di Institut Ahmad Dahlan Probolinggo, dan mengambil program Duble Degree, yaitu Ekonomi Syariah dan Bisnis Digital. ***"Yang penting aku terus maju, karena aku percaya diriku yang di masa depan akan berterima kasih."***

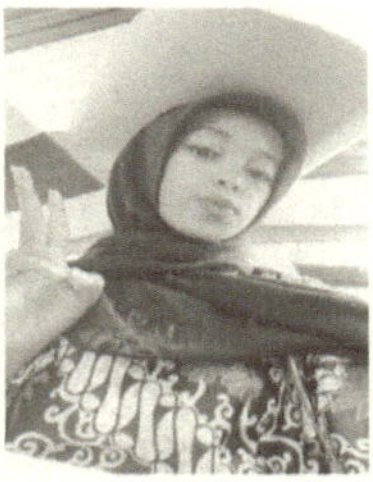

Siti Humairoh, lahir di kota Probolinggo, kecamatan leces pada 13 mei tahun 2008. Dia merupakan anak perempuan pertama dari dua bersaudara. sekarang menjadi mahasiswi aktif di institut Ahmad Dahlan Probolinggo. ***" Pendidikan adalah senjata paling ampuh yang bisa anda gunakan untuk mengubah masa depan "***

Lailatul Mukaromah , sehari-hari akrab disapa Laila. Lahir di kabupaten Probolinggo, Kecamatan Wonomerto pada 01 Mei 2007. Dia merupakan anak kedua dari tiga bersaudara. Telah mengenyam pendidikan di RA, MI, MTS, MA di kota kelahirannya Probolinggo. Dan sekarang menjadi mahasiswa IAD Probolinggo, ***" Belajar adalah investasi terbaik untuk masa depanmu. Tetap fokus pada tujuanmu, jadikan pembelajaran sebagai kebiasaan sehari-hari dan jangan pernah berhenti mengejar pengetahuan."***

Lailiyatus zahro , biasa di panggil lily lahir di kabupaten probolinggo, kecamatan wonomerto pada tanggal 29 oktober 2006. sekarang menjadi mahasiswa aktif di institut ahmad dahlan, prodi ekonomi syariah. ***"Membaca buku dua kali, berarti endingnya akan sama? benar. tapi, karna kamu sudah membaca buku itu sebanyak dua kali, berarti sudah tau salahnya dimana? jadi, ayok perbaiki dan buat cerita yang baru''***

Hallo teman-teman nama aku **Tibrus Sofi** kalian bisa panggil Sofi ya...Ouh iya aku itu lahir di Gili Ketapang, kecamatan Sumberasih, kabupaten Probolinggo. Aku itu lahir pada tanggal 21 mei 2006 dan lulusan dari MA DARUT TAUHID. aku itu sekarang jadi mahasiswi di institut Ahmad Dahlan PROBOLINGGO. ***"Hidup adalah sebuah petualangan, jangan pernah berhenti menjelajah."***

Nurdiana Maulidia, yang akrab dipanggil Lidia, adalah seorang penikmat hidup sederhana yang percaya bahwa dengan memakan es krim bisa menyelesaikan setengah masalah hidup di dunia ini. Lidia suka membaca, menonton dan terkadang pura-pura produktif sambil rebahan. Ia sekarang menempuh pendidikan di Insitut Ahmad Dahlan. "***no need run, just walk and see everything around us -mark lee"***

Nurazizah, lahir di Probolinggo, kecamatan Leces, tigasan wetan pada tanggal 2 Juni tahun 2009. Ia merupakan anak pertama dari dua bersaudara. Dan telah mengenyam pendidikan SD, MTS, MA dan sekarang masih menjadi mahasiswa aktif di institut Ahmad Dahlan Probolinggo. ***"Aku dan pelukan karya sastra.Hanya ia yang mendengar banyak cerita. Dan tak akan hilang oleh masa"***

IZZATUL FITRIAH, Icha—lahir pada 20 Januari 2008, tumbuh sebagai anak bungsu yang akrab dengan sunyi. Dalam diamnya, ia menyimpan bayangan yang tak selalu dimengerti dunia. ***"Tumbuh dewasa mengajarkan kita bahwa melepaskan bukan tanda lemah, itu adalah seni merelakan sesuatu yang pernah indah agar hati tidak terus memeluk duri! ♡"***

Eliza Amilia, yang akrab disapa Amel, lahir di Probolinggo pada 16 Mei 2007 dan menetap di kota yang sama. Saat ini, Amel menempuh pendidikan di Institut Ahmad Dahlan, Prodi Ekonomi Syariah. ***"Gak terlihat bukan berarti gak ada, kamu layak untuk bahagia, dan kegagalan hari ini menjadi motivasi dan batu loncatan unuk menuju ke suksesan".***

Aminullah, biasa di panggil amin bagi teman teman kuliah. Lahir di Kabupaten Probolinggo,Kecamatan Sumberasih, Pada tanggal 28 Agustus 2007,Telah mengenyam pendidikan SD, SMP, MAN. dan Sekarang menjadi mahasiswa di INSTITUT AHMAD DAHLAN (IAD) Probolinggo, Prodi Ekonomi Syari'ah. ***"Mahasiswa Ekonomi Syari'ah bukan hanya pelajar angka dan keuntungan kita adalah perantara untuk membangun perekonomian yang adil, sejahteraan yang merata, dan keseimbangan antara dunia dan akhirat."***

Ida Purnama Sari lahir di Probolinggo, tanggal 8 bulan Februari tahun 2007. Ia merupakan anak tunggal yang dibesarkan tanpa saudara kandung, sehingga menjadi satu-satunya anak dalam keluarganya. Saat ini ia menjadi mahasiswa double degree Jurusan Ekonomi Syariah dan Bisnis Digital di Institut Ahmad Dahlan Probolinggo.

Ketahuilah!!

"Tidak semua orang yang bersamamu saat ini ia benar-benar memperjuangkan perjuanganmu kecuali memang Allah pilihkan untuk membersamaimu dalam perjuanganmu, Maka tetaplah berjalan tanpa menoleh kanan ataupun kiri berjalanlah meski tertatih berat tapi pasti".

Sainullah, biasa dipanggil sainul lahir di kabupaten probolinggo kecamatan bantaran pada 9 juni 2009, telah mengeyam pendidikan SD,SMP,SMK, dan sekarang menjadi mahasiswa di INSTITUT AHMAD DAHLAN (IAD) Probolinggo, Prodi Ekonomi Syariah. ***"Jangan gampang menyerah, ingat allah ada bersama kita"***

Rendi sayyidinata, biasa dipanggil Rendy Lahir di Desa bulujaran Kidul, kec. tegalsiwalan, kab. Probolinggo. Pada Tanggal 1,mei, 2007.Telah mengenyam pendidikan MI, SMPI, MA. Dan sekarang menjadi mahasiswa di. INSTITUT AHMAD DAHLAN (IAD) Probolinggo, program studi Ekonomi Syari'ah. ***"Ekonomi syariah bukan hanya tentang angka, tetapi tentang amanah, keadilan, dan keberkahan hidup"***

Nama Saya **Riska Anggun Wulandari**. Saya sering dipanggil Anggun. Saya lahir di Probolinggo, Tanggal, 13 Desember 2006. Tempat tinggal saya disumber wetan kacamatan kedopok kota Probolinggo. Saya melanjutkan sekolah tinggi di Institut Ahmad dahlan. Saya mengambil jurusan Ekonomi Syariah. ***Hiduplah dengan penuh rasa syukur setiap hari, Kesuksesan bukan hanya tentang apa yang anda capai, tetapi juga tentang siapa yang anda bantu disepanjang jalan.***

Penulis memiliki nama lengkap **Melvin Oktavia Iraratu** lahir di Klakah,Lumajang. penulis sekarang menempuh pendidikan di Institut Ahmad Dahlan Probolinggo & mengambil jurusan EKONOMI SYARI'AH, kenalan lebih dalam lagi dengan mutualan IG:@mlpinajaaa TT :@vinz.ajaaa. ***Kalau hari ini kita gagal, besok coba lagi, kalau gagal lagi, coba lagi sampai kita mati.***

Dwita Agustin Wulandari,biasa dipanggil Dwita lahir dikota Probolinggo kecamatan Wonomerto,lahir pada tanggal 08-agustus-2006 anak ke2 dari 2 bersaudara,telah melewati pendidikan RA,MI,MTS,SMADA dan telah melanjut pendidikan nya di INSTITUT AHMAD DAHLAN dengan prodi ekonomi Syariah. ***"Masa depan adalah kesempatan untuk membuat perbedaan. Jangan biarkan kesempatan itu berlalu, teruslah berjuang dan percaya pada dirimu sendiri. Kamu dapat membuat perbedaan!"***

Hawa Putri Niscayani lahir di Kediri, bulan Mei dan berzodiak Gemini. Ia merupakan anak tengah dari dua saudara laki-laki. Saat ini ia menjadi mahasiswa aktif Jurusan Ekonomi Syariah di Institut Ahmad Dahlan Probolinggo. ***"Belum sampai bukan berarti tak bergerak. Banggalah pada jejakmu—itu bukti bahwa masa depan sedang kamu perjuangkan."***

Moh. Matyesin, atau Yasin, lahir di Probolinggo pada 10 Maret 1999 dan tinggal di Desa Wringinanom, Kecamatan Kuripan. Ia adalah mahasiswa Ekonomi Syariah di Institut Ahmad Dahlan Probolinggo dan aktif di organisasi GP Ansor Kuripan. Dikenal sebagai sosok sederhana dan peduli pada kegiatan sosial-keagamaan, ***"Orang sekarang fasih debat, tapi kaku dalam adab. Padahal keindahan bahasa tak ada artinya kalau jiwanya tak santun."***

Amilia putri, biasa di panggil putri lahir di probolinggo pada tanggal 15 Agustus 2007 dan sekarang telah menjadi mahasiswa aktif institud ahmad dahlan probolinggo. ***"Jangan pernah menyerah pada hal yang benar-benar ingin kamu lakukan. Orang dengan mimpi besar lebih kuat daripada orang dengan semua fakta."***

Alya Ely Ni'maizah, biasa dipanggil Alya. Lahir pada Tanggal 16 - Juni - 2007. Alamat Desa Sumberkerang, Kec. Gending, Kab. Probolinggo. Telah menempuh pendidikan di SDI, SMP, SMK, dan sekarang menjadi mahasiswa di INSTITUT AHMAD DAHLAN (IAD) Probolinggo, dengan program studi Ekonomi Syariah. ***"Kadang jalan menuju mimpi harus dilalui dengan air mata dan pengorbanan, namun cahaya selalu muncul bagi mereka yang tidak berhenti melangkah."***

Sabrina arthamonova, bisa dipanggil sabrina, saya lahir di tangerang pada tanggal 29 Juni 2008. Saya merupakan anak pertama dari 2 bersaudara. sekarang ia menjadi salah satu mahasiswa dari Institut ahmad dahlan, dan mengambil program Duble Degree, yaitu Ekonomi Syariah dan Bisnis Digital. Ia memiliki motto **"Keberanian adalah langkah pertama menuju sukses".**

Nasano Al Pasa Ayu Hatiyanto, biasa di panggil Nasa oleh orang orang-orang di sekitarnya. Lahir di Probolinggo, Tanggal 23 September 2007, Nasa adalah seorang mahasiswa Ekonomi Syariah yang penuh semangat dan selalu tampil ceria. Tinggal di Jl. Lingkar Utara, ia menjalani hari-harinya dengan penuh energi positif dan kecantikan yang mempesona. ***"Bahasa bukan sekadar alat bicara, tetapi jembatan yang menghubungkan pikiran dengan dunia."***

David bekcam, yang biasa di panggil david

Lahir di kota Probolinggo kecamatan Bantaran pada 13 juni tahun 2008. Sekarang menjadi mahasiswa institut Ahmad dahlan Probolinggo prodi ekonomi syariah

"jangan Tumbang sebelum semuanya tercapai, jika kamu lelah,ingat lah wajah orang tuamu"

Muhammad Nafis Irfan, Panggil saja irfan, pann, atau "Eh Kamu" (tergantung siapa yang memanggil dan sedang butuh apa).Lahir di tempat yang sah secara administratif . Tanggal lahir dirahasiakan demi menghindari ucapan "traktir dong" (Samarinda, 1 Februari 2004). **"Jika hari ini tidak berhasil, mungkin besok. Jika besok tidak berhasil juga, setidaknya aku sudah mencoba"**

TENTANG EDITOR

Rifqi Khairul Anam menyelesaikan studi Doktoral Filsafat di Universitas Gadjah Mada (2021) setelah sebelumnya menuntaskan pendidikan Sosiologi di Universitas Muhammadiyah Malang. Minat intelektualnya terentang dari eksistensialisme hingga filsafat teknologi. Karya terbarunya antara lain *Filsafat Teknologi Martin Heidegger* (2025) dan *The Abyss And The Ascent* (2025). Saat ini aktif sebagai dosen di Institut Ahmad Dahlan Probolinggo, mengampu mata kuliah yang berfokus pada pengembangan nalar kritis dan logika.

www.ingramcontent.com/pod-product-compliance
Lightning Source LLC
LaVergne TN
LVHW040444051026
849517LV00002B/744
* 9 7 9 8 2 3 3 1 4 8 3 8 5 *